Ruth Heil · Ich berge mich in deiner Hand

W0070192

Ruth Heil

Ich berge mich in deiner Hand

Bewegende Lebenszeugnisse

mediaKern

Bibliografische Information der Deutschen Nationalbibliothek
Die Deutsche Nationalbibliothek verzeichnet diese Publikation
in der Deutschen Nationalbibliografie; detaillierte bibliografische
Daten sind im Internet über http://www.dnb.de abrufbar.

ISBN 978-3-8429-2635-6

Bestell-Nr. 5.122.635
© 2016 mediaKern GmbH, 46485 Wesel
Ornamente: lienchen020_2/Fotolia
Umschlagbild: Getty Images / Mike Watson Images
Umschlaggestaltung: Ch. Karádi; Satz: J. Deusch
Gesamtherstellung: Drukarnia Dimograf, Bielsko-Biała, Polen
Printed in the EU 2016

www.media-kern.de

Inhalt

Vater unser

Vater unser im Himmel.
Geheiligt werde dein Name.
Dein Reich komme.
Dein Wille geschehe, wie im Himmel, so auf Erden.
Unser tägliches Brot gib uns heute.
Und vergib uns unsere Schuld,
wie auch wir vergeben unsern Schuldigern.
Und führe uns nicht in Versuchung,
sondern erlöse uns von dem Bösen.
Denn dein ist das Reich und die Kraft und die
    Herrlichkeit in Ewigkeit.
Amen.

Ein Wort zuvor

In diesem Buch erzählen Menschen ihre persönliche Geschichte. Es sind keine Romane, sondern Erlebnisse mit einem Gott, der jeden von uns auf besondere Weise liebt. Er begegnet uns in Freude und im Leid.

Die Lebensberichte dieser Menschen wecken Hoffnung und Vorfreude auf den Himmel. Und sie zeigen auf, wie tief Gott trösten kann, auch in Leid und Verlust.

Aber nicht nur das. Sie erzählen auch davon, wie Gott auf wunderbare Weise erretten und heilen kann, obwohl Ärzte keine Hoffnung mehr machen.

Dieses Buch macht Mut, die Wege Gottes anzunehmen und ihm auch in schweren Zeiten zu vertrauen.

Aber auch das wird klar: Leid wird von jedem Menschen unterschiedlich verarbeitet. Sowohl der Mensch, der selbst durch Leid geht, als auch der, der manchmal hilflos danebensteht, muss damit auf seine Weise umgehen lernen.

Noch sind wir auf der Erde. Mancher Verlust und Schmerz scheint untragbar zu sein.

Aber auch, wenn wir IHN nicht fühlen. ER ist trotzdem da, geht still neben uns her, trägt mit.

ER zählt die Tränen.

Und es wird der Tag kommen, an dem ER alle Tränen abwischen wird.

Zwischen den Kapiteln finden sich Liedtexte. Ebenso sind Gedichte, Gebete und Gedanken von Ruth Heil und ihrem Vater Ludwig Katzenmaier eingestreut.

Sie sind zum Vorlesen geeignet, um das Vertrauen in Gott zu stärken.

Ruth Heil

Unterwegs

Noch sind wir auf der Reise,
die Tage voller Hast.
Du gibst uns Trank und Speise
und gönnst uns eine Rast.

Und willst uns treu geleiten
den Weg, dir wohlbekannt,
durch alle Dunkelheiten
zu dem verheiß'nen Land.

Viel wilde Stürme blasen
mit Macht auf uns herein.
Es mag auf ander'n Straßen
zuzeiten besser sein.

Doch soll's uns nimmer grauen
an diesem fremden Ort.
Wir gehen im Vertrauen
auf dein gewisses Wort.

Reich uns die Gnadenhände,
du lässt uns nie allein.
Und stehen wir am Ende,
Herr Jesu, wir sind dein.

Ludwig Katzenmaier

Jonas G.

Nicht verzweifeln, sondern vertrauen

Marion begegnete ich bei einem Frauenfrühstück. Zwischen uns und unseren Familien entwickelte sich eine Freundschaft.

Ihr Mann Otto berichtet:
Es war am 20. Dezember 2006, ein schöner, sonniger Tag. Eigentlich hätte ich im Betrieb zu einer Weihnachtsfeier gehen sollen. Doch ich entschloss mich, Holz zu machen. Gegen 16 Uhr kam ich nach Hause. Meine Frau war da und auch unser Sohn. Er wollte an diesem Abend noch mit Freunden zum Weihnachtsmarkt.

Ich nahm mir vor, die Garage aufzuräumen. Jonas war zu dieser Zeit fast 17 Jahre alt. Zeitgleich ging ich mit ihm aus der Haustür. Während ich zur Garage ging, schnappte er sich das Fahrrad und radelte los. An der Einmündung zur nächsten Straße, nur 30 Meter weiter entfernt, hörte ich gleich darauf einen heftigen Knall. Voller Schrecken rannte ich zur Unfallstelle. Quer in der Einmündung stand ein PKW, daneben lag das Fahrrad unseres Sohnes. Er selbst lag sechs Meter entfernt davon auf der Straße, bewegungslos. Zwar atmete er noch, aber er war nicht mehr ansprechbar.

Den Fahrer des Unfallwagens bat ich, Krankenwagen und Notarzt zu rufen, was er dann auch tat. Er war sehr aufgeregt.

Zwischenzeitlich kam meine Frau herbeigestürzt, auch mein Bruder eilte herbei.

Ich kniete neben unserem Jungen am Boden, und auch Marion kniete sich neben unseren bewusstlosen Sohn.

Was durch meinen Kopf ging, weiß ich nicht mehr. Ich stand sicher unter Schock, aber war noch fähig, alles Organisatorische zu regeln.

Rettungsfahrzeug und Notarzt kamen recht schnell, auch die Polizei. Im Notarztwagen geschah die Erstversorgung. Eine Infusion wurde angelegt und ein Tubus eingeführt.

Marion fuhr mit dem Notarzt mit. Ich blieb an der Unfallstelle. Dann erst kam mir das ganze Ausmaß der möglichen Verletzungen zu Bewusstsein. Das Fahrrad war in der Höhe des Tretlagers im Rahmen abgeknickt, was auf einen heftigen Aufprall schließen ließ. Am Mercedes war die Windschutzscheibe zertrümmert und die Dachkante an einer Stelle zwei Zentimeter tief eingedrückt. Wahrscheinlich prallte unser Junge an dieser Stelle auf, bevor er mit seinem Kopf durch die Scheibe geflogen war.

Im internen Unfallbericht der Polizei, in den ich Einblick nehmen durfte, war zu lesen: Schwerer Unfall mit 16-Jährigem. Mit Ableben muss gerechnet werden.

Kurz danach, die Polizei war noch an der Unfall-stelle, kam unser Pastor zu mir. Er wollte sich bei mir seinen Weihnachtsbaum abholen. Wie dankbar war ich darüber, denn ich wusste, dass er für uns alle be-tete.

Über eine gläubige Nachbarin hatte sich inzwischen schon eine Gebetskette für unseren bewusstlosen Jun-gen gebildet. Sie beteten zu Gott, er möge helfen.

Mein Bruder fuhr danach mit mir zum Kranken-haus.

Insgesamt war unser Junge zehn Tage im Kranken-haus. Ende Januar ging ich bei den verschiedenen Hel-fern vorbei, um mich zu bedanken. Der Notarzt Dr. Paulus, der die Erstversorgung gemacht hatte, fragte: »Wie geht es ihm?« Er war extrem erstaunt darüber, dass unser Sohn schon wieder zur Schule ging. »Was, er ist nicht in der Reha?« Fast konnte er es nicht glau-ben. Er war davon ausgegangen, dass unser Junge bei der Schwere des Befundes mindestens halbseitig ge-lähmt sein müsste.

Die Diagnose hieß: Schweres Schädel-Hirn-Trauma, Einblutungen im Gehirn.

Wunderbarerweise kamen diese Blutungen aber selbstständig zum Stillstand.

Außer einem roten Strich an der rechten Schläfen-seite war keine äußere Verletzung sichtbar. Diesen roten Strich hatte er sich wahrscheinlich beim Aufprall auf das Blech, die Einfassung der Autofrontscheibe, zugezogen. Nach dem Durchschlagen der Frontscheibe war sein Kopf wohl dort angestoßen und hatte sie zwei Zentimeter tief eingekerbt!

Kein einziger Knochen war gebrochen, obwohl auch der abgeknickte Rahmen des Fahrrades die Beine enorm hätte verletzen müssen. Außerdem war unser Junge noch sechs Meter weit auf die Straße geschleudert worden!

Wie gnädig hatte Gott es geführt, dass unser Kind noch lebte!

Ab hier berichtet Marion:
Als man mich rief, weil unser Junge einen Unfall gehabt haben sollte, dachte ich: »Das kann mir Gott nicht antun. Das verkrafte ich nicht.«

Ich war durch eine schwere Krankheit einer Nachbarin sowieso schon genug geschockt.

»Hol doch meinen Mann«, bat ich dann an der Unfallstelle und merkte nicht, dass er neben unserem Jungen am Boden saß.

Gedanken rasten durch meinen Kopf: »Und was ist, wenn er behindert ist? Verkraftet er es, und kommen wir damit zurecht? Kann ich damit leben, wenn er nicht mehr damit leben kann?«

Neben Jonas setzte ich mich auf die Straße. Er schreckte kurz hoch. Wir sagten: »Leg dich wieder hin, du hattest einen Unfall.« Er wurde dann mit Medikamenten ruhiggestellt.

Ich konnte noch einiges kurz regeln, Unterlagen zusammensuchen und meine Brille holen. Aber auch daran dachte ich noch: Ich rief bei Ruth und Hans-Joachim Heil an und bat inständig um Gebet.

Mein Gedanke war: »Gott weiß am besten, was gut ist. Wenn Gott mein Kind zu sich nehmen will, will ich es auch bejahen. Ich will Gott nicht anbetteln, ihn behindert weiterleben zu lassen. ER allein weiß, ob unser Junge und auch ich mit dem Leid umgehen können.«

Während ich in der Notaufnahme mit zitterndem Herzen auf weitere Informationen wartete, suchte ich in meiner Tasche nach irgendeiner Ermutigung. Meistens habe ich darin kleine Schriften. Ich fand den Titel: »Nicht verzweifeln, sondern vertrauen.« Welch ein liebevoller Hinweis Gottes!

Dann kam der Notarzt heraus. Er informierte mich, dass ein CT gemacht würde. Wir müssten jetzt die Untersuchungen abwarten.

Ein ganzer Ärztestab kümmerte sich um unseren Jungen, ein Neurologe, ein Neurochirurg und auch ein Kinderarzt. Ich blieb die ganze Nacht bei ihm. Unser Sohn kam auf die Intensivstation.

Der Kinderarzt erklärte mir, dass Jonas zwei Einblutungen hätte. Sie müssten ihn deshalb wieder aus dem Koma holen, um die Reaktionen zu beobachten und festzustellen, ob die Blutungen weitergingen und ob es Ausfälle gäbe.

Innerlich betete ich, dass Gott mir jemand zur Seite stellt. Da kamen meine Schwestern und mein Schwager und blieben für einige Zeit bei mir.

Ich sah, wie Jonas vor Kälte zitterte. Ein Wärmebett wurde für ihn hergerichtet. Ich saß bei ihm. Durch meine Gedanken gingen viele Dinge. Ich betete, dass, wenn mein Junge sterben würde, Gott seinen Geist aufnehmen sollte. Im Grunde war das das Gebet, das Jesus am Kreuz auch betete. Denn mein tiefer Wunsch war, dass mein Sohn in Gottes Reich kommen würde, sollte dies jetzt sein Ende sein.

Neben unserem Kind lag auf der Intensivstation ein kleiner Junge von etwa vier Jahren. Auch er hatte einen Unfall gehabt. Als er wach wurde, setzte er sich auf und lachte mich an. Das tat mir richtig gut.

Ich saß bis gegen ein Uhr morgens am Bett. Eine Krankenschwester schickte mich dann zum Schlafen. Aber das war mir nicht möglich. Ich las nochmals die Losung des vergangenen Unfalltages: »Fürchte dich nicht, Zion! Lass deine Hände nicht sinken! Denn der Herr, dein Gott, ist bei dir, ein starker Heiland.« (Zephania 3,16.17)

In der Tageslese stand: »Das Volk, das im Finstern wandelt, sieht ein großes Licht. Und über denen, die da wohnen im finstern Lande, scheint es hell.« (Jesaja 9,1)

Das tröstete mich tief. Ich nahm diese Worte Gottes ganz persönlich für mich.

Es war gegen zwei Uhr, als ich den starken Wunsch verspürte, wieder an das Bett meines Kindes zu gehen. Ich saß noch nicht richtig bei ihm, als er die Augen öffnete. Ich konnte ihm alles erzählen, was passiert war. Er hörte mir zu und schlief wieder ein.

Marions Tagebuch: »Nun wusste ich, dass du ihn, Herr, retten kannst. Und ich war auch für einen anderen Weg bereit. Mir war nur noch wichtig, dass unser Junge bei dir war, und du als sein bester Arzt über Leben und Tod entscheiden würdest. Unser Junge atmete nun ruhig und gleichmäßig. Es war, als spürte er meine Gegenwart und fühlte sich geborgen. Als die Schwester mich ein zweites Mal zum Schlafen schickte, ging ich in das andere Zimmer und schlief in deinen Händen, Herr, ein.«

Erst am Nachmittag dieses Tages kam Jonas wieder zu sich. Wie dankbar war ich für das kurze Gespräch in der Nacht. Dieses Erlebnis, dass ich genau zum richtigen Zeitpunkt bei ihm gewesen war, gab mir das Gefühl, dass Gott alles unter Kontrolle hatte.

Die Texte im Losungsbuch hießen an diesem Donnerstag: »Herr, sei mir gnädig, denn mir ist angst.« (Psalm 31,10)

»Der Engel sprach zu ihr: Fürchte dich nicht, Maria, du hast Gnade bei Gott gefunden.« (Lukas 1,30)

In Marions Tagebuch steht dazu: »Ich kann es noch gar nicht fassen: Herr, dein Licht bricht durch die Finsternis. Die Gefahr hast du von uns abgewendet, ich habe Gnade gefunden vor deinen Augen.«

Am Donnerstagabend gingen mein Mann und ich nach Hause, da der Zustand von Jonas stabil war. Als wir früh am nächsten Morgen kamen, lag an der Stelle, an der das Bett unseres Jungen gestanden hatte, ein Mädchen, das beatmet wurde. Ich dachte zuerst, es sei unser Sohn und wurde kreidebleich.

Aber Jonas war schon dabei, auf eine Normalstation verlegt zu werden.

Wunderbarerweise waren keine weiteren Blutungen aufgetreten. Auch an der Milz fand sich, wie befürchtet worden war, kein Schaden.

Niemand, weder Ärzte noch Schwestern, konnte fassen, wie gut es ihm ging.

Man bereitete uns darauf vor, dass es danach immer wieder Ausfälle durch die Blutungen geben könnte. Das sei zu erwarten und normal. Doch es ging weiter steil aufwärts. Bald wurde der Katheter entfernt, und kurze Zeit danach konnten auch die Infusionen abgehängt werden.

Am Samstag lautete die Losung: »Ich werde nicht sterben, sondern leben und des Herrn Werke verkündigen.« (Psalm 118,17)

Marions Tagebuch: »Wir sind erleichtert, dass die erste Wegstrecke gut überstanden ist. Die ersten Anzeichen sind vorhanden, dass der Körper wieder funktioniert. Herr, du bist so gut zu uns!«

Mir wurde bewusst, dass während des Unfalls viele Engel am Werk gewesen waren. Der Aufprall auf die Kante des Autodachs hätte den Schädel spalten können. Der Aufschlag auf der Straße hätte furchtbare innere und äußere Blutungen an allen Organen verursachen können.

Inzwischen hat Jonas sein Abitur bestanden und sich für ein Studium der Informatik und Mathematik entschieden.

Wir staunen über Gott und danken ihm von ganzem Herzen! Gepriesen sei sein herrlicher Name!

Dein Stecken und Stab trösten mich

In der Dunkelheit kann ich dich nicht sehen, Herr.
Deshalb erinnere mich an Bibelverse,
die ich einmal auswendig lernte!
Sei mir Stecken und Stab,
dass ich mich aufrichten kann.
Lass sie wie kleine Lichter in meine Erinnerung fallen.
Schick Menschen vorbei,
die mir ihr Mitgefühl zeigen,
mich ermutigen und mit mir beten.

Ruth Heil

Herr, weil mich festhält deine starke Hand,
vertrau ich still.
Weil du voll Liebe dich zu mir gewandt,
vertrau ich still.
Du machst mich stark, du gibst mir frohen Mut.
Ich preise dich,
dein Wille, Herr, ist gut.

Herr, weil du jetzt für mich beim Vater flehst,
vertrau ich still.
Weil du zu meiner Rechten helfend stehst,
vertrau ich still.
Seh ich nicht mehr als nur den nächsten Schritt,
mir ist's genug, mein Herr geht selber mit.

Diakonissenmutterhaus Aidlingen

It's undescribable!

Unsere Begegnung mit John Woodyard

Ruth Heil erzählt

Einige Jahre gehörten mein Mann und ich zur Chapel-Gemeinde der Amerikaner, die hier im Pfälzer Wald stationiert war. Unsere Kinder gingen unaufgefordert mit zum Gottesdienst, obwohl sie schon im Alter waren, in dem Jugendliche ihre Eltern nicht mehr begleiten. Doch ihre Teilnahme war begreiflich. Es war dort eine ansteckende Fröhlichkeit zu spüren unter den vielen, eher jungen GIs. Alles war lockerer, und zum Schluss des Gottesdienstes trank man Kaffee oder nahm miteinander das Mittagessen ein.

John war meistens auch anwesend, zusammen mit seiner Frau und seinen Teenager-Mädchen. Er hatte eine innige Liebe zu Jesus. Und das hörte man, wenn er sonntags gelegentlich ein Solo sang. Eines seiner Lieblingslieder war:

»A wonderful Saviour is Jesus, my Lord,
a wonderful Saviour to me.
He hideth my soul in the cleft of the rock,
where rivers of pleasure I see.«

Übersetzung:
Ein wunderbarer Retter ist Jesus, mein Herr,

ein wundervoller Retter für mich.
Er verbirgt meine Seele im Spalt des Felsens,
wo ich Ströme von Freude sehe.

Wenn John sang, spürte man Gottes Berührung. John legte sein ganzes Herz vor Gott hin.

Einige Zeit später wurde er mit seiner Familie in eine andere Einheit versetzt. Nur hin und wieder erreichte uns ein Gruß. Aber jedes Mal freuten wir uns darüber.

Voller Schmerz hörten wir eines Tages von seinem Tod.

Er war in Frankfurt mit dem Auto unterwegs gewesen. Während eines Staus musste er auf der Straßenbahnschiene anhalten. Der Fahrer der Bahn erkannte zu spät die Situation und fuhr direkt in die Fahrerseite von Johns Auto. Es kam zum Genickbruch. John war sofort tot.

Wir konnten es nicht fassen. Wie sehr litt die ganze Familie unter dem Tod dieses liebevollen Ehemanns und Vaters! Warum hatte Gott das zugelassen? Hätte ER nicht die Straßenbahn stoppen können?

Warum starben Menschen wie John so früh, während manche böse Menschen weiterlebten, nur um andere zu quälen? Ich versuchte, meine Fragen an Gott abzugeben und zu meiner Seele zu sagen: ER weiß es. Ich brauche keine Antworten zu suchen, die ohnehin wahrscheinlich falsch wären.

Einige Tage später ging ich zum Garten, um etwas Gemüse zu holen. An der Pferdekoppel blieb ich stehen, weil ein eigenartiger Glanz in der Luft lag. Am Himmel verschoben sich die Wolken, als wären es Vorhänge, die sich öffnen wollten, ähnlich, wie man es im Theater erlebt. Ich schaute diesem Schauspiel unwillkürlich zu. Und dann sah ich durch den »geöffneten Vorhang« John. Er sah genauso aus, wie ich ihn erlebt hatte, als er noch unter uns war. Doch war er umgeben von einem Leuchten, das schwer zu beschreiben ist. Mir war, ohne dass ich denken musste, klar, dass er mich vom Himmel her grüßte. »John, wie ist es dort, wo du jetzt bist?«, fragte ich, ohne überhaupt eine Antwort zu erwarten. Sein Gesicht bekam ein breites Lächeln, und während seine Augen vor Freude strahlten, sagte er zu mir: »Ruth, it's undescribable!« (Ruth, es ist unbeschreiblich!)

So schnell, wie alles gekommen war, so schnell war alles wieder verschwunden. Ich stand immer noch an der Pferdekoppel. Der Himmel hatte sich wieder mit grauen Wolken bedeckt. Ich fragte mich, ob es Traum oder Wirklichkeit gewesen war, was ich gerade erlebt hatte.

Aber es erfüllte mich eine solche Freude, dass mir klar wurde: Unser Herr Jesus hatte John erlaubt, mir einen Gruß vom Himmel zu schicken, damit ich nicht mehr traurig sein sollte. Vielleicht wollte Jesus mir sagen: Kind, die Zeit auf der Erde ist so kurz, und manches scheint so schrecklich zu sein. Aber wenn du einmal bei mir in der Herrlichkeit sein wirst, wird aller Schmerz ein Ende haben.

Christus spricht:
Ich bin die Auferstehung und das Leben.
Wer an mich glaubt, der wird leben,
auch wenn er stirbt;
und wer da lebt und glaubt an mich,
der wird nimmermehr sterben.
Johannes 11,25.26

Angelika
Wie oft Gott über meinem Leben wachte

Angelika begegnete ich bei einem Vortrag. Sie fiel mir auf, weil sie in Begleitung eines Hundes war. Als sie mir einen Teil ihrer Lebensgeschichte erzählte, staunte ich erneut, wie viele Wege Gott benutzt, um einen Menschen vor dem Tod zu bewahren. Manchmal gebraucht er dazu sogar Karnevalsnarren ...

Jetzt erzählt Angelika

Wir waren in meinem Elternhaus sieben Kinder. Ich kam als zweites Kind zur Welt und war von Geburt an blind. Meine Kindheitsgeschichte erinnert an das Märchen vom Aschenputtel. Ich bekam häufig Schläge, sowohl von Mutter als auch Großmutter. Es geschah ohne wirklichen Anlass, einfach wohl deshalb, weil man an mir Spannung ablassen konnte. Bis zum Alter von 14 Jahren geschah das regelmäßig. Ich wehrte mich nicht dagegen.

Doch dann geschah es. Für die Ferien war ich vom Internat nach Hause entlassen worden. Als man mich wieder schlug, wehrte ich mich zum ersten Mal. Es ist interessant, dass danach die Schläge endgültig aufhörten.

Von Haus aus waren wir evangelisch. Natürlich ging

man dann auch zur Konfirmation. Aber niemandem war die Bedeutung davon wichtig, es war einfach nur ein Anlass zum Feiern.

Als ich acht Jahre alt war, wurde ein Platz im Internat frei. Ich wechselte vom Kindergarten in die Blindenschule. Leider wurde mein Leben dort nicht viel leichter. Strenge und Bestrafung waren an der Tagesordnung. Wer etwas nicht aß, wurde damit gestopft, und zwar mehrmals, bis er es geschluckt hatte. Noch heute habe ich eine heftige Abneigung gegen Karotten und Erbsen. Ich erinnere mich auch an eine andere Strafaktion, bei der ich 30 Paar Schuhe putzen musste.

Nach der Schule folgte das Berufsförderungswerk.

Ich fing an, mein Leben zu genießen, und fühlte mich frei wie ein Vogel. Jedenfalls meinte ich, frei zu sein, indem ich die Partner ständig wechselte. Wer mir nicht mehr passte oder von wem ich mich eingeengt fühlte, wurde einfach »aussortiert«.

Ich war durch häufigen Alkoholgenuss absolut trinkfest und trank oft »über den Durst«. In der Tanzschule brachte ich es bis zur Goldmedaille (für Sehende). Dass ich immer tiefer in Sünde hineinrutschte, war mir zu dieser Zeit noch nicht bewusst.

In jenen Tagen hatte ich gerade meinen zweiten Führhund bekommen. Beim täglichen Spaziergang fiel mir eine Frau auf, die ihren Hund herbeirief, indem sie in die Hände klatschte. Schließlich traf ich die Frau nicht mehr und fragte mich, was los war. Eines Tages begegneten wir uns wieder und kamen miteinander ins Gespräch. Ich hörte von ihrer schwer kranken Tochter. Durch verschiedene Umstände lernte ich dieses Mädchen kennen. Ihre Liebe zu Jesus berührte mich. Ich nahm Sonderurlaub, um sie zu pflegen, machte Wadenwickel, reichte ihr die Bettpfanne, kochte für sie.

Als sie starb, war ich tief enttäuscht von Gott, den ich gerade ein bisschen kennengelernt und dem ich zu vertrauen begonnen hatte.

Nach einem Vortrag in einer Gemeinde, der im Rahmen einer Evangelisation stattfand, berührte Gott erneut mein Herz. Als ich wieder zu Hause war, gab ich Jesus mein Leben in die Hände. Ich hatte dabei den Eindruck, als würde ein Stein von meiner Seele rollen.

Jahrelang arbeitete ich in einer Telefonzentrale. Eines Tages wurde ich in einer anderen Stadt eingesetzt. Ich sollte den Platz einer Frau ausfüllen, die in Mutterschutz ging.

Glücklicherweise hatte ich einen guten Draht zu einer übergeordneten Stelle. Als die Kollegin aus dem Mutterschutz zurückkam, fragte mich der zuständige Chef, ob ich an meine alte Stelle zurück oder ob ich hierbleiben wollte. Mir gefielen die Stadt und das Umfeld gut, und so entschied ich mich zum Bleiben.

Leider ging mein Vorgesetzter in den Ruhestand.

Sein Nachfolger war verärgert darüber, dass ich so gefördert und anscheinend bevorzugt worden war.

Man verdrängte mich in eine Ecke des Raumes und setzte mich bewusst getrennt von den anderen Mitarbeitern. Sogar eine Trennwand wurde errichtet! Man wollte mich wissen lassen, dass ich unerwünscht bin.

Es war eine schreckliche Zeit. Schließlich kam es endgültig zum Eklat.

In einem Mitarbeitergespräch sollte jeder Angestellte sich darüber äußern, wie zufrieden er über seinen Arbeitsplatz wäre und was für Mängel er zu beanstanden hätte. Ich berichtete offen, wie mit mir umgegangen wurde.

Danach begann ein Spießrutenlaufen. Ich wurde von meinen Kollegen völlig zerrieben. Es kam mir vor, als stünde ich täglich vor dem Jüngsten Gericht.

Schließlich war ich so mürbe und fertig, dass ich nicht mehr fähig war, einen normalen Gedanken zu fassen. Ich lief von der Arbeit weg Richtung Straßenbahn. Nur einen Wunsch hatte ich: zu sterben. Um das zu erreichen, wollte ich mich unter die Bahn werfen. Da hörte ich sie auch schon kommen. Doch als ich über die Straße laufen wollte, hatte Gott die Ampel auf Rot gestellt. Eigenartig, dass mich das stoppte. Ich hielt tatsächlich an und wartete. Es war ein Faschingsdienstag. Während ich versuchte, mich vor die Straßenbahn vorzuarbeiten, um mich mitschleifen oder überfahren zu lassen, stiegen lärmend Narren aus. Sie waren so übermütig, dass sie mich wie in einer Schere einkeilten und ein Stück mit sich zogen. Ich konnte dadurch mein Vorhaben gar nicht ausführen. Als ich mich schließlich wieder Richtung Bahngleis bewegen konnte, erreichte ich gerade noch die Tür eines Bahnwagens, bevor er abfuhr. Wie in Trance stieg ich ein, ohne einen klaren Gedanken fassen zu können. Ich habe keine Erinnerung mehr daran, wie ich danach meine Wohnung erreichte.

Zu Hause rief ich tief verzweifelt die Frau des Predigers an und erzählte, wie es mir ergangen war. Ich vergesse nie, wie sie mit mir sprach. Liebevoll ging sie auf mich ein, wie eine Mutter, die ihrem verletzten Kind Anweisungen gibt, wie es sich das nächste Mal in der Not verhalten soll: »Bevor du eine Dummheit machst, rufst du uns an.«

Da war kein Vorwurf über das, was ich vorgehabt hatte, nur ein tiefes Mitleiden mit meiner Not und ein Bewahren wollen vor einer weiteren Fehlschaltung.

Leider gingen nicht alle, die von meiner Absicht hörten, so verständnisvoll mit mir um. Manche wollten mir klarmachen, dass man an so etwas als Christ nicht einmal denken darf. Dass man aber im Zustand der Verzweiflung nicht fähig ist zu denken, begriffen sie nicht.

Wie gnädig ging Gott mit mir um und erhielt mich am Leben! Ich danke IHM von ganzem Herzen!

Noch ist nicht alles ausgestanden. Aber mehr und mehr lerne ich, mit der Situation am Arbeitsplatz umzugehen. Mir ist klar geworden, dass ich im richtigen

Moment den Mund aufmachen – und in anderen Situationen den Mund halten muss.

Doch das Eine macht mich unendlich froh:

Jesus Christus geht mit mir, und ER wird mich nie im Stich lassen, egal, ob ich »richtig« oder »falsch« handle, denn ER liebt mich unendlich.

Herr, lass mich nicht allein

Behüte du mein Herz,
wenn ich am Schweren drohe zu verzagen,
wenn du vor meinem Aug' verborgen bist,
ich deine Wege nicht verstehe
und meine Kräfte mir den Dienst versagen.
Lass auch das Schwere dazu dienen,
dass ich dir näher komme und begreife,
wer du wirklich bist.

Noch bin ich auf der Reise
und noch nicht am Ziel.
Das Ziel bist du, mein Gott,
zur dir steht meine tiefste Sehnsucht.
Mit deinem Brot werd ich hier nicht verhungern.
Dein Wein stillt mir den Durst.
Dein Öl heilt meine schlimmen Wunden.
Und du hast es mir fest versprochen,
dass du auf meiner Reise
mich niemals auch nur einen Schritt verlassen wirst.

Ruth Heil

Beate Schmitt

Der Tag, der mein Leben radikal veränderte

Ein ganz normaler Eingriff

Beate Schmitt lernte ich vor einigen Jahren bei einem Frauenfrühstück kennen. Mit meiner Begleiterin durfte ich in ihrem Haus übernachten. Als ich einige Jahre später wieder in Ludwigsstadt zu einem Vortrag eingeladen war, stand Beates Haus wie zuvor für uns offen. Dieses Mal kam sie mir aber nur auf einem Bein entgegen ...

Hier sind Beates Erinnerungen:

Über längere Zeit hatte ich Probleme mit Krampfadern. Das sollte sich nun endgültig ändern. In einer Arztpraxis wollte ich sie mir ambulant entfernen lassen. Eigentlich war es ein Routineeingriff. Die Ärztin hatte schon über 6500 solcher Operationen hinter sich, bevor ich an der Reihe war. Mein Mann begleitete mich an jenem 16. Januar 2002.

Problemlos überstand ich die OP in tiefer Narkose und spürte nichts von dem Eingriff. Doch als ich zu mir kam, hatte ich irrsinnige Schmerzen im rechten Bein. Ich war so verrückt vor Schmerz, dass ich meinte, in mein Bein beißen zu müssen, um es zu betäuben. Niemand aus meinem ganzen Bekanntenkreis, der solch eine OP hinter sich hatte, hatte mir je zuvor auch nur Ähnliches berichtet.

Ich war vor Schmerzen so durcheinander, dass ich hyperventilierte (zu viel Sauerstoff aufnahm) und in eine Tetanie fiel: Ich wurde vollkommen steif.

Furchtbare Schmerzen

Leider nahm mich niemand ernst. Sowohl die Ärztin als auch das Pflegepersonal stuften mich als hysterische Persönlichkeit ein. Keiner der früheren Patienten hätte ein solches Theater gemacht!

Mir war das zwar peinlich, doch die Schmerzen waren so furchtbar und unerträglich, dass das letztlich keinen Eindruck auf mich machte.

Ich wusste jedenfalls, dass ich so etwas nie zuvor an Schmerz mitgemacht hatte. Die Geburten unserer vier Kinder waren harmlos gegen dieses furchtbare Erleben.

Mit meinen entsetzlichen Schmerzen fühlte ich mich allein, unverstanden und im Stich gelassen.

»Herr«, schrie ich immer wieder in meinem Herzen, »hilf mir doch!« Schlimm war, dass ich in diesen Momenten auch noch das Gefühl hatte, mein Gebet pralle an der Zimmerdecke ab. Gott sei weit weg und könne mich nicht hören.

Endlich kam mein Mann, um mich abzuholen. Doch die Autofahrt nach Hause war ein Horrortrip. Es war mir nicht möglich, eine Lage zu finden, in der ich die Schmerzen aushalten konnte. Immer wieder musste mein Mann anhalten. Beim Laufen stellte sich eine kleine Erleichterung ein.

Endlich waren wir zu Hause. Doch die Schmerzen nahmen weiter zu.

Einweisung ins Krankenhaus
Schließlich verständigte mein Mann den ärztlichen Notdienst, und ich wurde ins Krankenhaus eingewiesen.

Da man am operierten Bein keinen Pulsschlag mehr feststellen konnte, wurde ich noch in der Nacht ein zweites Mal operiert. Dabei fand man den furchtbaren Fehler heraus. Statt der Vene hatte man mir die Arterie herausgenommen! Das bedeutete, dass seit der morgendlichen OP das Bein nicht mehr die lebenswichtige Versorgung erhalten hatte und im Begriff war, zu verwesen! Bei einem sofortigen Eingriff und sogar innerhalb von sechs Stunden danach hätte das Bein noch gerettet werden können! Aber jetzt war es zu spät!

Dem Tode nahe
Als ich in der Klinik nach der Narkose erwachte, schilderten mir die Ärzte kurz meine Situation. Ich konnte aber nicht sehr viel davon aufnehmen, da ich von Medikamenten und Narkose völlig benommen war. Irgendwie spürte ich aber doch den Ernst der Lage, denn ich verabschiedete mich von meinem Mann.

Die Ärzte versuchten mir klarzumachen, dass sie trotz dieser Operation am Ende ihrer Möglichkeiten seien.

So wurde ich in eine spezielle Uniklinik zur Weiterbehandlung verlegt. Dort wurde mit offenen Karten gespielt. »Frau Schmitt«, teilte man mir mit, »Ihr Bein ist mit ziemlicher Wahrscheinlichkeit nicht mehr zu retten. Leider sind auch Ihre Nieren durch die Gifte, die sich in dem verwesenden Bein gebildet haben, nicht mehr wirklich funktionsfähig und haben Schaden genommen. Es ist die Gefahr eines Nierenversagens vorhanden. Sie müssen an die Dialyse. Trotzdem werden wir alles versuchen, um Ihr Bein doch noch zu erhalten.«

Wie ein Schlag ins Gesicht traf mich diese Botschaft. Doch bevor ich sie richtig verarbeiten konnte, war mein Bewusstsein schon wieder in einer Narkose weggetreten. Ab diesem Zeitpunkt habe ich keine Erinnerung mehr an die Realität.

Vier Tage in Lebensgefahr

Den Worten meines Mannes und den Berichten der Ärzte zufolge schwebte ich vier Tage lang in Lebensgefahr. Ob ich merkte, wie nah ich dem Tod war? Ja! Aber ganz anders als mein Mann, der an meinem Bett saß.

Die ständigen Narkosen und das Morphin, das ich gegen meine Schmerzen bekam, betäubten mich so sehr, dass ich die Umwelt kaum wahrnahm.

Was sich aber vor meinem inneren Auge als Alb-traum abspielte, erlebte ich als grausame Wirklichkeit. Die Ärzte bestätigten mir später, dass mein Erleben kein Einzelfall sei. Mehrere Patienten hätten ihnen schon Ähnliches berichtet.

Ich erlebte die Hölle

Während ich innerlich versuchte, mit Gott in Kontakt zu kommen, bearbeitete mich ununterbrochen eine Stimme. Sie flüsterte mir eindringlich verschiedene Botschaften zu. Etwa: »Kapituliere doch endlich!« oder auch: »Sag deinem Glauben ab! Hör endlich auf zu beten! Das nützt doch sowieso nichts! Gott hört dich doch gar nicht. Er wird dir auch nicht helfen!«

Es war ungeheuer grausam, was ich da erlebte. Ich hoffte, dass der Horror endlich aufhörte. Doch jedes Mal, wenn eine Höllenstation zu Ende zu sein schien, begann ein noch schlimmerer Kampf. Schließlich war ich so weit, dass ich meinte, meinen letzten Herzschlag zu erleben. »Jesus«, schrie ich in meinem Innern. »Du bist der Sieger. Du bist mein bester Arzt. Nur du kannst mir helfen. Bitte, hilf mir!«

Im letzten Moment, wirklich im allerletzten, erfuhr ich dann Hilfe von Gott.

Dieses ganze Erleben war für mich nicht wie ein Traum, sondern wie bittere Realität. Ich kann mich an diesen Terror noch so konkret erinnern, als wäre es gestern gewesen.

War es schon so weit, musste ich sterben?
Zwischendurch kamen Fragen in meinem Innern auf, die ich aber nicht wirklich formulieren konnte: »Funktioniert mein Körper noch? Arbeiten meine Nieren? Sind sie überhaupt noch in meinem Körper? Und was ist mit meinen Beinen? Habe ich beide verloren?«

Meinen Körper nahm ich wie eine im Raum hängende Hülle wahr.

Dann war ich wieder in schrecklichen Zwangsvorstellungen gefangen. Ich wurde von einem Blutstrom erfasst und mit fortgerissen, ohne mich befreien zu können. Immer wieder neu war ich Gestalten ausgeliefert, die mich in enge Räume zogen.

Dann wurde ich kurz wach. Ich hörte, wie mein Mann gefragt wurde, ob man einen Seelsorger holen solle. »Ist es schon so weit, muss ich sterben?«, dachte ich. Mehr nahm ich nicht mehr wahr.

Der Seelsorger, der dann kam, ließ meinen Mann einen der mitgebrachten Bibelverse ziehen. Dieser Vers berichtete von Elia, wie er unter einem Strauch sitzt und sich den Tod wünscht. Ein Engel Gottes kommt und speist ihn mit Brot und Wasser.

Obwohl ich von alledem nichts mitbekam, war ich genau in dieser Stimmung. Ich wollte nicht weiterkämpfen. Ich wollte kapitulieren. Denn ich hatte keine Kraft mehr.

Wenn ich dann bei kurzem Bewusstsein war und die ganzen Apparate um mich her arbeiten hörte, ihr

Surren und Piepsen, wusste ich, die Grausamkeit geht noch weiter.

Wieder war ich weggetreten. Ich träumte von unseren vier Kindern, die zu diesem Zeitpunkt zwischen vier und 13 Jahren alt waren. Mit ihnen saß ich auf einer Wiese. Alles schien so friedlich. Immerhin hatte ich bei diesen Bildern noch wenigstens ein Bein! Aber leider waren solche Träume die Ausnahme. Die meisten waren nur voller Bedrohung.

Der Teufel führte sich auf wie ein brüllender Löwe, um mich dazu zu bewegen, meinem Herrn Jesus abzusagen und endlich aufzugeben.

Wenn die Albträume mich wieder überwältigten, rief ich in meiner Not zu Jesus und gab ihm dieses Versprechen: »Herr, wenn ich hier heil herauskomme, werde ich nicht mehr schweigen. Ich will von deiner Größe erzählen. Ich werde den Menschen sagen, dass sich ein Leben nur lohnt, wenn es mit dir gelebt wird. Und auch das werde ich ihnen weitergeben, dass sie dich brauchen als Erlöser für ihre Sünden. Herr, ich werde ihnen verkünden, dass sie eine Entscheidung treffen müssen – und dass sie verloren gehen, wenn sie sich nicht für dich entscheiden! Bitte, Herr Jesus, hol mich hier heraus, hilf mir!«

Die ganze Zeit saß mein lieber Mann an meinem Bett. Er wirkte todmüde, so erschöpft wie er war. Aber ich war so unendlich dankbar für ihn, denn ich misstraute jedem anderen, der in die Nähe meines Bettes kam. In jedem sah ich einen potentiellen Feind. Die Zeiger der Uhr tanzten vor meinen Augen, als seien sie ausgehängt. Schwestern und Pfleger sah ich wie in Zeitlupe im Raum umhergehen. »Wahrscheinlich wollen sie mir nicht die Wahrheit sagen. Sie wollen mich verschonen, weil sie wissen, dass ich sterben werde«, dachte ich.

Am vierten Tag durfte ich für wenige Minuten wach bleiben. Unser treuer Pfarrer besuchte mich. Er streichelte meine Hand und kämpfte mit den Tränen. Auf der Karte, die er mir gab, stand das Bibelwort: »Ich bin bei dir, dass ich dir helfe.« (Jeremia 30,11)

»Beate«, sagte er, »wenn Gott das alles zugelassen hat, hat er einen Auftrag für dich.«

»Herr«, betete ich in meinem Herzen, »ich will mich von dir gebrauchen lassen. Nimm mein Leben zum Besten für dich.«

Am fünften Tag nahm ich das erste Mal meine Umwelt wieder wahr.

Ein Erlebnis kurz vor dem Unfall kam in mein Bewusstsein, und das machte mich besonders dankbar. Ich hatte kurz zuvor eine Schuld vor Gott bekannt, die mich arg belastet hatte. Mir wurde neu bewusst, dass wir jederzeit bereit sein müssen, vor dem Thron Gottes zu erscheinen.

Ein Lied ging immer wieder durch den Kopf, das ich mit Kindern gesungen hatte: »Ich stehe fest auf dem Fels, auf Gottes Wort!«

Nun, ich kann auch mit einem Holzbein fest auf meinem Herrn Jesus stehen!, dachte ich.

Ich weiß: Gott hätte eingreifen können, um mein Bein zu erhalten.

1. Die Verwechslung der Vene mit der Arterie war für die Ärzte ein Rätsel!

2. Wenn schneller gehandelt worden wäre (und ich hatte ja über meine starken Schmerzen geklagt!), hätte das Bein gerettet werden können.

3. Im Nachhinein wurde mir außerdem gesagt, dass meine Krampfadern-OP gar nicht erforderlich gewesen wäre.

Hätte Gott also eingreifen wollen, hätte er genug Möglichkeiten dazu gehabt! Aber Gott ließ es zu!

Wir werden als Christen nicht vor allem verschont werden. Aber Jesus kann unsere Umstände gebrauchen, um seinen Sieg in die Welt zu tragen.

Der Vers aus Römer 8,28 ist zu einem Leitvers für mein Leben geworden: »Denen, die Gott lieben, müssen alle Dinge zum Besten dienen.«

Diese Herausforderung des Vertrauens darf und muss ich immer neu üben. Da gab es die Situation, dass der Stumpf sich heftig entzündete. Dann hatte ich furchtbare Schmerzen durch die Prothese. Immer neue Probleme tauchten auf.

Oft werde ich gefragt: »Wie geht es dir? Hast du Depressionen? Möchtest du nicht am liebsten die Ärztin, die dein Leben so verpfuscht hat, abknallen?«

Dann kann ich antworten: »Trotz Höhen und Tiefen geht es mir gut. Ich bin natürlich manchmal traurig, dass ich mit den Kindern nicht so herumtoben kann wie früher. Doch ich bin so dankbar, dass ich leben darf.«

Was die Ärztin angeht, so erlebe ich auch darin ein wirkliches Wunder: Ich bin nicht verbittert über sie. Der Herr gibt mir Kraft, ihr zu vergeben. Auch das ist unfassbar für mich, denn ich weiß, dass die Ärztin einen furchtbaren Fehler gemacht hat.

Aber ebenso weiß ich und glaube es von Herzen, dass Gott keinen Fehler macht! ER wacht über meinem Leben. Alle Dinge müssen mir in seiner Hand zum Besten werden, auch die Fehler der Menschen.

Ich will weitererzählen, welch einen wunderbaren Herrn ich habe!

Sammle meine Tränen in deinen Krug.
Ohne Zweifel, du zählst sie.
Psalm 56,9

Gib deine Tränen in Gottes Hand!
Tränen sind Perlen.
Der sie erschuf, kennt auch ihren Lauf,
wie sie schmerzvoll dem Herzen entrinnen.
ER sammelt sie liebevoll auf.
Birg dich in seiner Hand!
ER hält allen Wassern stand,
bis sich die Wolken verzieh'n
und dir wieder Hoffnung scheint.

Eine Zwiesprache

Herr, bist du da?
Tief in mir weiß ich es:
Ja, du bist ganz nah.
Auch wenn mein Inneres im Schmerz sich windet,
du hast dich mir, ich dir verbündet.
Du sagst: Auch wenn du es nicht fühlst:
Mein Kind, ja, ich bin da!

Vergibst du mir?
Tief in mir weiß ich es:
Ja, mehr als ich schuldig werden könnte
ist deine Gnade über mir.
Und meine Buße löscht aus
den Feuerbrand des Zorngerichts in dir.
Ich höre, wie du sprichst:
Wie gern vergeb ich dir, mein Kind,
komm her zu mir!

Herr, liebst du mich?
Tief in mir weiß ich es:
Du gabst dein Leben für mich hin,
gingst in den Tod für mich.
Und noch im Todeskampf sprichst du zu mir:
Auch wenn du es nicht fühlst:
Ich liebe dich, mein Kind, ich liebe dich!

Ruth Heil

Rainer und Bettina Wälde

Bis zur Tür des Himmels

Begegnungen mit Rainer und Bettina Wälde

So heißt das Buch, das Rainer Wälde nach dem Tod seiner Frau Bettina veröffentlicht hat. Es sind Tagebuchaufzeichnungen aus schweren Zeiten. Rainer Wälde hat mit seiner Frau die TYP Color Akademie in Solms gegründet.

Seine Frau Bettina ist 37, als sie erfährt, dass sie Krebs hat. Nach Aussagen der Ärzte hat sie nur noch kurze Zeit zu leben. In dieser Situation beginnt Rainer Wälde ein Tagebuch zu schreiben. Es entsteht der ergreifende Bericht eines täglichen Kampfes zwischen Hoffen und Bangen.

In diesen schweren Zeiten lernte ich die beiden kennen.

Ruth Heil erzählt

Im August 1998 werde ich, Ruth Heil, von »hand in hand tours« als Referentin auf das Kreuzfahrtschiff MS Columbus eingeladen. Mit anderen Referenten zusammen sollen wir die über 300 Passagiere auf der Reise durch die großen Seen Nordamerikas begleiten. Die Fahrt durch die verschiedenen Seen und Schleusen, die Niagara Fälle, der mit 553 m lange Zeit höchste Turm der Welt, der CN-Tower in Toronto – das alles ist atemberaubend.

Doch fast noch atemberaubender ist, wie Gott seine Macht an Menschen zeigt, die ihm vertrauen.

Kurz vor Beginn dieser Reise haben Rainer und Bettina, die auch als Referenten dabei sind, erfahren, dass sich der Krebs von Bettina trotz Behandlungen immer weiter ausbreitet. Mit dieser schweren Diagnose im Hinterkopf machen sich die beiden dann trotzdem auf die Reise.

Ich stehe neben Rainer in 500 m Höhe auf der gläsernen Plattform des CN-Towers. Aber ich sehe nicht nur eine fantastische Landschaft ringsherum und unter mir, sondern empfinde auch Schwindel und Unsicherheit in dieser gewaltigen Höhe.

Bettina war an Land geblieben, da sie unter ständiger Übelkeit litt.

»Rainer«, sage ich, »ist es nicht so, dass dieser gläserne Boden eurer momentanen Situation sehr ähnlich ist?«

Boden unter den Füssen haben, der gläsern ist und zerbrechen kann. Weit vorausschauen dürfen in eine unbekannte Landschaft, aber vom Schwindel erfasst werden, wie es weitergehen wird ...

Inzwischen sind wir bei den »Thirty thousand islands« angekommen. Wie wundervoll und vielfältig hat Gott jede Landschaft auf besondere Weise geschaffen! Doch auch voller Wunder ist die Lebensgeschichte jedes Menschen.

Leider kann ich am Nachmittag nicht dabei sein,

als Bettina in der Lounge des Schiffes von ihrer Krankheit berichtet. Ich halte selbst einen Vortrag in einem anderen Teil des Schiffes.

Zu Bettina sind etwa 100 Menschen gekommen. Was ich hinterher von ihnen höre, erstaunt mich nicht, denn genau so habe ich Bettina auch erlebt. Und doch ist es letztlich einer der staunenswertesten Vorträge, sagen die Zuhörer tief bewegt, die Bettina zugehört haben.

Das kommt als Feedback:

Bettina berichtete von ihrer Krankheit, um anderen Menschen Mut zu machen. Sie nahm dabei kein Blatt vor den Mund, beschönigte nichts. Obwohl sie seit Beginn der Reise fast ununterbrochen von Übelkeit geplagt war und kaum etwas essen konnte, wirkte sie strahlend. Sie spiegelte etwas wider von der Nähe Gottes, und das trotz der Präsenz ihrer furchtbaren Erkrankung. Sie ist mit sich und Gott im Reinen.

Offen gab Bettina zu, dass das zu Beginn ihrer Erkrankung nicht so war. Ursprünglich war sie voller Selbstmitleid und Rebellion gegen Gottes Wege gewesen …

Aufgeschwemmt durch Cortison und Chemotherapie, ohne Haare auf dem Kopf, an den Rollstuhl gefesselt, strahlte diese Frau die Würde einer Königin aus.

Einige der Zuhörer berichten nach dem Vortrag von ihrer eigenen Erkrankung und wie viel Kraft und Mut Bettina ihnen gegeben hat.

»Es scheint paradox«, äußert sich Rainer, »aber dafür hat sich die ganze Kreuzfahrt gelohnt.«

Hier kommen nun einige Auszüge aus Rainers Tagebuch:
Bettinas Zustand verschlechtert sich immer mehr. »Wir sollten ihr Leiden nicht künstlich verlängern, denn sie kann in diesem Zustand einfach nicht mehr leben«, informiert mich der Arzt. Seine gefühlvollen, aber endgültigen Worte schmerzen tief in meiner Seele. Ich bin zugleich sprachlos, ohnmächtig und unfähig, einen vernünftigen Gedanken zu fassen. Es ist, als hätte mir jemand den Boden unter den Füßen genommen – ich schwebe haltlos in der Luft.

Gott schickt mir einen Engel, einen Krankenpfleger namens Thomas, der mich immer wieder ermutigt. Am allerwichtigsten sei es zu wissen, dass Bettina ganz fest in Gottes Hand ist, spricht er mir zu. Das ist Balsam für meine Seele.

Holger, unser Pastor, schaut am Abend vorbei, um mit Betty und mir geistliche Lieder zu singen. Dann beten wir intensiv für sie. Ich bin zornig auf Gott, weil ich Bettina so unglaublich liebe. Er weiß doch, wie gerne ich mit ihr alt werden möchte …

Ich muss ganz aus Gottes Kraft leben, denn menschlich gesehen könnte ich in dieser akuten Krise wirklich völlig durchdrehen. Doch je mehr ich die Gegenwart Gottes erlebe, desto deutlicher werden Schwachpunkte und desto klarer sehe ich die ungeklärten Dinge meines

Lebens. Deshalb nutze ich den heutigen Feiertag, um mit einem Seelsorger »klar Schiff zu machen«. Mir ist in den letzten Wochen vieles in meinem Leben deutlich geworden, das ich bewusst in Gottes Gegenwart bekennen und ausräumen will.

Das Gespräch ist sehr gut, auch wenn es mir schwerfällt, die einzelnen Dinge beim Namen zu nennen. Dann bekenne ich Gott im Gebet mein Versagen …

Als der Seelsorger mir die Hände auflegt und mir Gottes Vergebung zuspricht, tut das meiner Seele unglaublich wohl.

Am Nachmittag habe ich die Gelegenheit, auch Bettina um Verzeihung zu bitten. Auch sie bittet mich um Vergebung.

Nicole, die vor Kurzem als Journalistin bei Elisabeth Kübler-Ross in Arizona war, um sie zu interviewen, schickt mir eine wertvolle E-Mail:

»Es ist für euch die Zeit gekommen, Psalmen zu lesen, in denen die Wohnungen Gottes und ihre Schönheit beschrieben werden. Es ist ganz wichtig für euch beide, euch noch mal bewusst voneinander zu verabschieden, einander loszulassen und zu segnen. Jesus sagte dem Schächer am Kreuz: ‚Noch heute wirst du mit mir im Paradies sein‘ (Lukas 23,43). Lies Betty Texte aus der Bibel vor, die zu ihrer Abschiedssituation passen …«

Unser Krankenpfleger Thomas ist auch heute wieder eine große Hilfe. Er beruhigt mich und betet mit uns, dass Gott uns durch ein Zeichen mitteilt, dass er immer noch die Fäden in der Hand hält.

Während er Bettina versorgt, gehe ich ins Büro und finde ein Fax vor, das uns Ruth Heil geschrieben hat. Ihre Zeilen werfen mich fast um. Sie schreibt:

Ich will euch wissen lassen, wie Gott uns mit euch verbindet, indem er uns ein wenig bei euch »hineinschauen« lässt. Es war am Wochenende: In einem Bild sah ich Rainer auf den Knien, wie er sehr weinte. Da wusste ich, dass ihr sehr an der Grenze seid. Ich hörte sogar, wie du, Rainer, den Psalm 23 gebetet hast – und zwar den Teil: »Ob ich schon wanderte im finstern Tal oder auch im Tal der Todesschatten, fürchte ich kein Unglück, denn du bist bei mir.« Dieser Teil des 23. Psalms ging mir dann oft durch den Kopf. Gott ließ mich wissen, dass ihr in einer schweren Situation seid und ganz besonders Gebet braucht. Beim Gebet am Montag sah ich euch von bedrohlicher Finsternis umgeben. Doch um euch beide bildeten mehrere Engel – es können sieben gewesen sein – eine Glocke oder einen Dom. Sie hielten die Hände nach oben zusammen und standen so dicht, dass die Dunkelheit nur außerhalb von ihnen war: Ihr beide befandet euch in diesem Schutzraum, der vollkommen mit Licht erfüllt war.

Ich weiß nicht, wie es weitergeht, aber eines weiß ich ganz sicher: dass ihr von vielen Engeln umgeben seid. Von Herzen bete ich mit euch, dass Gottes Plan und sein Wille allein geschieht, ungestört aller Finsternis – zum Heil für jeden von euch beiden.

Sprachlos lese ich das Fax noch ein zweites Mal. Ich kann es nicht fassen: Denn ich habe wirklich an Bettinas Bett gekniet und den Psalm 23 mit ihr gebetet. Am Anfang der Woche bat ich Gott ganz gezielt darum, dass ER Bettinas Bett mit Engeln umstellt, die sie schützen. Diese Zeilen von Ruth sind für mich ein klares Zeichen, dass ER alle Fäden in der Hand hält. Zudem war es eine prompte Gebetserhörung, denn wenige Minuten nach Thomas' Gebet habe ich Gottes Antwort bereits im Faxgerät gefunden. Gott ist wirklich groß. Selbst in unserem momentanen Chaos zeigt er uns ganz klar seine Souveränität.

Seit Tagen spüre ich, dass es bald zu Ende geht. Bettinas Eltern sind da. Weinend knien wir an ihrem Bett, sprachlos, hilflos, fassungslos. Wir umarmen sie ganz fest und weinen ohne Ende. Unter Tränen lese ich ihr wieder den 23. Psalm vor und setze immer den Namen Bettinas ein. » … sein Stecken und Stab trösten dich.« Plötzlich sagt Bettina ganz deutlich: »Ja«, und ich spüre, dass sie alles wahrnimmt und innerlich mitgeht.

Anschließend bitte ich Gott um Kraft und um sein konkretes Eingreifen: Herr, wenn du sie zu dir holen willst, dann bald. Und bitte lass sie friedlich einschlafen.

Die nächsten Stunden sind ein echter Kampf, und ich erlebe, dass auch Christen durch dieses tiefe Tal hindurch müssen. Es ist ein schreckliches Erlebnis. Dann hat Bettina ihren dritten Aussetzer. Schon zwei Mal dachte ich in den letzten Tagen, dass sie gestorben sei. O Gott, lieber Vater im Himmel, durch welche Tiefen muss mein Schatz jetzt hindurch!

Laut bete ich, dass die Mächte der Finsternis weichen müssen. Bettina ist ein Kind Gottes. Die Dunkelheit hat kein Anrecht auf sie. Danach lege ich eine CD mit Chorälen von Paul Gerhardt auf. In der jetzigen Not geben uns diese alten, tief gehenden Texte wirklich Kraft. Wir halten Bettinas Hand und weinen. Zu dritt sitzen wir um ihr Bett und begleiten sie in diesen schweren Stunden. Nach einiger Zeit bitte ich ihre Eltern für kurze Zeit nach draußen, um mit Bettina allein zu sein und Abschied zu nehmen. Ich umarme sie liebevoll und danke ihr und Gott für zehn wunderbare Jahre. Dann stelle ich sie nochmals ganz bewusst unter den Schirm des Höchsten und spreche ein Segensgebet: Nichts und niemand kann dich aus der Hand Gottes reißen. Du wirst seine Herrlichkeit sehen und das erleben, was wir immer geglaubt haben …

Nur für Minuten gehe ich danach aus dem Zimmer. Als ich zurückkomme, spüre ich einen unglaublichen Frieden um Bettina. Ich knie mich neben den Krankenpfleger Thomas ans Bett und merke, dass Bettina friedlich eingeschlafen ist. Gott hat mein Gebet erhört!

Danke, Herr, dass sie jetzt bei dir ist. Sie ist in deiner Herrlichkeit – erlöst von allen Schmerzen und allem Leid ...

In diesem Moment überfällt mich ein großer Frieden. Minutenlang knie ich am Bett und danke Gott für dieses gnädige Ende ...

Dies ist ein kleiner Ausschnitt aus den Tagebuchaufzeichnungen, eine bewegende Geschichte der Trauerverarbeitung. Leider ist das Buch schon seit einiger Zeit vergriffen. Doch antiquarisch ist es gelegentlich möglich, noch ein Exemplar zu finden. (Titel: Rainer Wälde, Bis zur Tür des Himmels, Gerth Medien, Aßlar)

Zum Tode eines geliebten Menschen

Eigentlich bin ich sprach-los. Viel lieber würde ich dich in die Arme nehmen und über diesen Schmerz und Verlust mit dir weinen.

Lass diese Trauer in dir zu. Weine dich aus in den Armen deines Vaters im Himmel, immer wieder. Die Bibel sagt, dass der Tod ein Feind ist. Er bewirkt Trennung zu dem, was uns lieb und vertraut ist. Und das hat als Folge Schmerz, schrecklichen Schmerz.

Doch obwohl der Tod der Feind ist und Gott ihn auf dieser Erde zulässt, so hat ER ihm doch durch den Tod seines Sohnes Jesus die Macht genommen. Der lebendige, auferstandene Herr spricht zu deinem dir lieb gewesenen Menschen.

Wir weinen um einen, der jetzt vielleicht lachen kann, weil er Jesus Christus in der Herrlichkeit begegnet.

Wohl auch uns, wenn wir dieses Ziel erreichen.

So lass uns aufs Ziel schauen mit allen zusammen, die jetzt leiden unter Abschiednehmen und Abschiedsschmerz. Wir wollen uns trösten lassen und mit diesem Trost andere trösten. Wir wollen als Betroffene mit den anderen aber auch leiden.

Ich weine mit dir über diesen schweren Weg. Ich segne dich mitten im Leid. Der von dir Gegangene ist schon am Ziel. Da ist jetzt einer mehr, der dich einst willkommen heißen wird.

Ruth Heil

Hans Bovelet

Wie ich die Angst vor dem Tod verlor

Herr Jesus, wie bist du so wunderschön!

Hans und Eva Bovelet kennen wir seit vielen Jahren. Noch während sie als Missionare auf den Philippinen waren, wollte ich sie besuchen. Hans meinte, ich solle den Filipinos etwas davon erzählen, wie man eine gute Ehe führen kann. »Ich habe keine Probleme in meiner Ehe und weiß deshalb auch nicht, wie ich helfen könnte«, sagte er. Leider kam es nie dazu, da die beiden vorher nach Deutschland zurückkehrten.

Auch hier riss der Kontakt nicht ab. Wir gestalteten verschiedene Tagungen miteinander. Hans und Eva waren, gerade auch für junge Menschen, eine große Ermutigung, an unseren großen Gott zu glauben.

Hans erzählt:
Viele Jahre arbeiteten wir auf dem Missionsfeld auf der Insel Mindoro auf den Philippinen. Dort erlebten wir in vielen Bereichen Gottes Wunder und Durchhilfe. Auch vor dem Tod wurden wir gerettet, als eine Räuberbande unser Zentrum überfiel. Ich wurde dabei mit der Machete an der Halsschlagader getroffen. Doch Gott schickte auf übernatürliche Weise Hilfe, sodass ich überlebte.

Bei einer späteren Routineuntersuchung in Deutschland fand man heraus, dass der PSA-Wert sehr erhöht war – auf 12,8. Die Diagnose Krebs stand im Raum. Es war Prostata Ca. Ich sollte sofort operiert werden. Da zuvor noch ein weiterer Einsatz auf den Philippinen geplant war, verschob ich die Operation, um auf die Missionsstation zu reisen.

Inzwischen begannen Menschen an verschiedenen Orten in Deutschland und auf den Philippinen für mich zu beten. Als ich zwei Monate später wieder zurückkam, waren alle Werte normal.

Gott hatte ein Wunder bewirkt. Bei einer weiteren Kontrolle war mein Blutbild völlig normal!

Auch bei meiner Frau schenkte Gott ein Wunder. Sie war auf Mindoro auf einer Treppe gestürzt. Die Beschwerden danach ließen immer mehr nach. Sie arbeitete 15 Jahre weiter, ohne zu klagen. Jahre später fand man heraus, dass zwei Wirbel gebrochen waren. Wahrscheinlich war das bei diesem Sturz geschehen. Es war aber nie diagnostiziert oder auch behandelt worden.

Jeden Morgen hielten wir für unsere philippinischen Arbeiter eine Andacht. Eva war in alle unsere Aktivitäten einbezogen. Dazu führte sie eine gewissenhafte Buchhaltung. Durch ihre Liebe zu den Menschen war sie ein ständiger Anziehungspunkt für Frauen, die ihr Herz bei ihr ausschütteten.

Nach 26 Jahren übergaben wir unsere Arbeit in einheimische Hände. Eva war inzwischen 86 Jahre, ich, Hans, war 72.

Zurück in Deutschland stürzte Eva erneut. Sie hatte geringe Schmerzen. Beim Röntgen wurden aber Rippenbrüche festgestellt. Durch die Osteoporose waren ihre Knochen sehr brüchig.

Die gebrochenen Wirbel sollten nun zementiert werden. Doch Eva entschied anders: »Ich lasse nichts machen.«

Anfang 2007 stellte man bei Eva im Rahmen einer Generaluntersuchung einen bösartigen Tumor in der Lunge fest. Wir besprachen uns mit verschiedenen Ärzten. Sowohl eine Operation als auch eine Chemotherapie würden den Leidensweg von Eva nur verlängern, war ihre einhellige Meinung. Deshalb kam Eva mit mir überein, dass wir die ganze Sache unserem Herrn Jesus übergeben würden.

Ermutigt im Glauben wurde Eva immer wieder durch eine 92-jährige Seelsorgerin. Trotz ihres hohen Alters war sie geistig und geistlich sehr lebendig.

Während wir noch auf den Philippinen gelebt hatten, besuchte sie uns gelegentlich und sprach uns Gottes Worte zu. Eines davon hieß: »Ihr werdet leben und nicht sterben.«

Evas und mein Lieblingspsalm 91 war ein gelebter Psalm für uns. In Vers 11 heißt es: »Er hat seinen Engeln befohlen, dass sie dich behüten auf allen deinen Wegen, dass sie dich auf den Händen tragen und du deinen Fuß nicht an einen Stein stoßest.« Besonders beeindruckend waren für uns die letzten Verse: »Er liebt mich, darum will ich ihn erretten, er kennt meinen Namen, darum will ich ihn schützen. Ich will ihn sättigen mit langem Leben und will ihm zeigen mein Heil.« (Psalm 91,14.16). Ja, mitten im Entsetzen des Überfalls hielt Gott dennoch seine Hand über uns. Auf übernatürliche Weise wurden wir gerettet, und ich erlebte danach vollkommene Heilung.

Bedingt durch Evas Krankheit lebten wir wieder in Deutschland. Eva war schwach, konnte aber aufstehen und sich mit einem Gehwagen bewegen.

Ihre Schwäche nahm aber immer mehr zu. Sie bekam jetzt Pflegestufe 3. Liebe Menschen aus der Gemeinde brachten mir bei, wie man Hausarbeit erledigt, putzt, spült, Betten bezieht. Treu besuchten sie Eva und beteten mit uns.

In all den Jahren in der Mission war der Dienst an unseren christlichen Geschwistern unser gemeinsamer Mittelpunkt. Nun erlebten wir ganz neu unsere Ehe als Gemeinschaft.

Wir hatten Zeit, um Rückblick zu halten über den Aufbau unseres Werkes. Ebenso sprachen wir über Schwierigkeiten und Bewahrungen, Führungen und wunderbare Erlebnisse mit Gott. Es war wie ein intensives Nachholen von etwas, was uns zuvor nie möglich gewesen war.

Psalm 91 war immer noch unser Lieblingspsalm.

Aber wir liebten es auch, mit den »Losungen« den Tag zu beginnen. Die Andachten von Spurgeon wurden uns zum Segen. Eva las mit Vorliebe in den »Edelsteinen«. Schon morgens um 6 Uhr hatten wir früher auf den Philippinen gesungen: »Dies ist der Tag, den der Herr gemacht«, »Vom Aufgang der Sonne«, »Kommt und lasst uns ziehn« ...

Immer noch waren dies die Lieder, mit denen wir, nun allerdings in Deutschland und unter ganz anderen Bedingungen, den Tag begannen.

Trotzdem waren dazwischen auch ganz »einfache Aktivitäten« angesagt. Eva liebte nämlich Kreuzworträtsel. Ich nannte sie deshalb »meine kleine Rätselkönigin«.

In den folgenden Wochen nahmen Evas Schmerzen zu. Wieder waren Krankenhausaufenthalte nötig, wenn sich Wasser in der Lunge eingelagert hatte. Uns wurde geraten, Eva ins Hospiz zu bringen. Doch auf ihren und meinen Wunsch hin nahm ich sie wieder mit nach Hause.

Wir stellten ein Pflegebett in unser Wohnzimmer. Wir genossen die gemeinsamen Mahlzeiten. Dazwischen schlief Eva sehr viel.

Über den Tod sprachen wir selten. Wir ahnten nicht, dass es so bald sein würde. Doch Eva riss das Thema gelegentlich an. Sie war eine sehr pragmatische Person. So riet sie mir Folgendes: »Du, Hans, wenn ich mal heimgegangen bin zu unserem Herrn, kannst du mit meinem Zahngold meine Beisetzung bezahlen!«

Das tat ich natürlich nicht. Aber es erstaunt mich bis heute, wie sie für mich Sorge trug.

Es war der 10. Februar 2008.

Eva schlief wie immer vom Mittag- bis zum Abendessen. Da sie sehr müde schien, weckte ich sie dieses Mal nicht auf.

Am nächsten Morgen um 6 Uhr sollte sie wieder ihre Medizin bekommen. Doch ich wurde an diesem 11. Februar schon um 5 Uhr wach und spürte eine eigenartige Atmosphäre in der Wohnung. Es war eine überaus eindrückliche friedliche Stille. Ich stand auf und ging ins Wohnzimmer, um den Puls und die Atmung zu kontrollieren. Noch während ich am Bett stand, hörte ich, wie sie mit jemandem redete. Ihre Augen waren geschlossen. Sie hatte nie eine laute Stimme gehabt. Doch jetzt hörte ich sie mit kräftiger Stimme sprechen: »O Jesus, wie bist du so wunderschön!« In ihrer Stimme war ein klarer, bewundernder und glückseliger Ausdruck.

Ich war überrascht. Gleichzeitig erfasste mich eine tiefe Sehnsucht, bei diesem Erleben dabei sein zu dürfen, zu sehen, was sie sah. »Bitte sag's noch mal, das will ich nie wieder vergessen«, bat ich sie. Eva sprach danach einige Minuten lang nochmals dasselbe, immer leiser werdend. Schließlich klang ihre Stimme wie aus weiter Ferne, so, als wäre sie durch eine Tür gegangen. Tief drinnen wusste ich, dass sie jetzt bei Jesus angekommen war.

Ich stand staunend daneben. Während ich versuchte, ihren Puls zu fühlen und auf die Atmung zu achten, merkte ich, dass keine Lebenszeichen mehr da waren. Das Herz hatte aufgehört zu schlagen. Das ist jetzt nur noch die leibliche Hülle von Eva, ging durch meine Gedanken. Sie ist nicht mehr da. Sie ist zu Hause bei dem Herrn, den sie über alles liebte.

Ich fühle mich von Gott reich beschenkt, dass ich diesen Heimgang miterleben durfte. Durch meine Frau durfte ich erfahren, welch eine Herrlichkeit es ist, Jesus zu begegnen.

Das ermutigt mich, weiter für Jesus zu wirken. Dieses Erlebnis gibt mir Flügel. Mich motiviert Matthäus 24,14: »Wenn das Evangelium des Friedens allen zeugnishaft, (d. h. nicht unbedingt theologisch korrekt) gegeben wird, dann wird das Ende kommen« – und damit auch der Herr Jesus ... Ja, der Geist Gottes treibt mich. Ich will mitwirken, dass unser Herr Jesus bald kommt.

Ich bin kein Abenteurertyp, der gerne zwischen Ratten und Moskitos in einem ungesunden Klima lebt. Aber ich liebe die Menschen und noch mehr den Herrn Jesus. Ihm will ich dienen, egal wohin er mich sendet.

Anmerkung Ruth Heil:
Hans erzählte mir, wie Gott ihm die Angst vor dem Tod genommen hat:
Im letzten Weltkrieg war Hans dreimal verschüttet ge-

wesen. Damals war er noch nicht einmal 10 Jahre alt. In Köln erlebte er einen Bombenangriff. Bei der Flucht wurde er später in Leipzig verschüttet. Ihm wurde erzählt, wie er in Todesangst geschrien habe: »Mutti, Mutti, ich will leben und nicht sterben.« Danach wurde er mit den anderen zusammen ausgegraben. In Dresden erlebte er einen weiteren furchtbaren Angriff. Diese Todesängste, die er als Kind erlebt hatte, kamen später oft plötzlich und unerwartet über ihn und lähmten ihn.

Im Jahre 1977 befreite ihn der Herr Jesus völlig von solchen Attacken. Ein gläubiger Bruder betete mit ihm. In einem eindrücklichen Erlebnis ließ Gott ihn für kurze Zeit seine Herrlichkeit sehen. Das war so gewaltig, so großartig, so unaussprechlich wunderbar, dass diese Ängste vor dem Tod völlig verschwanden.

Welch ein großer Gott, der auf Gebet hin so heilend in ein Leben eingreift.

IHM sei alle Ehre!

Sonntag

Sonniger Tag
Über unendlichen Weiten,
s' schweigt alle Klag',
denn aus Bekümmern und Streiten
wandert die Seele ins Licht,
sucht mit verklärtem Gesicht
ihren Erlöser.

Tief in der Nacht
bin ich ihm einmal begegnet.
Als ich erwacht',
hat seine Hand mich gesegnet,
ward ich von Liebe erfüllt,
trag ich im Herzen sein Bild,
bis ich ihn sehe.

Feiernde Ruh,
nimmermehr Warten und Bangen.
König bist du!
Heiland, du stillst das Verlangen.
Auf ist die Tür,
trittst mit dem Gruße zu mir:
»Friede mit dir!«

Ludwig Katzenmaier

O selig Geheimnis

O selig Geheimnis, von liebender Hand
geführt ziehn durchs Leben wir hin.
Wir haben die Heimat im himmlischen Land
und Sterben ist unser Gewinn.
Zurück aus dem Tode, zurück aus der Nacht
ins leuchtende Leben hinein.
Gelobet sei Jesus, der alles vollbracht,
welch Gnade, SEIN Eigen zu sein.

Ludwig Katzenmaier

Johanna E.

... dass Gott nie einen Fehler macht

Johanna lernte ich auf einer Tagung kennen. Sie fiel mir auf durch ihre tiefe Traurigkeit.

Johanna berichtet vom Heimgang ihres Mannes

Immer wieder gingen die Verse des Liedes »Erscheinen meines Gottes Wege mir seltsam, rätselhaft und schwer«, aus dem die Überschrift stammt, durch meinen Kopf. Ich überlegte mir, ob das eine Vorbereitung dafür sein könnte, jemandem Trost zu spenden. Dass der Text für mich selbst bestimmt war, wusste ich noch nicht.

Mit meinem Mann Josef war ich 37 Jahre verheiratet. Wir waren zusammengeblieben in guten und in schweren Zeiten. Das war Gottes Gnade. Trotz der Prognose der Ärzte, dass wir nie ein Kind haben würden, schenkte Gott uns eine wundervolle Tochter.

Zu Beginn der Ehe war ich einige Jahre krank. Mit großer Geduld unterstützte mich mein Mann, nahm mich ernst und machte mir immer wieder Mut.

Ein Jahr vor seiner schweren Erkrankung litt er unter Magenschmerzen. Auf Drängen unserer Tochter begab er sich zum Ultraschall. Dort wurden Wucherungen außerhalb des Magens festgestellt, die man aber als harmlos ansah.

Es ging ihm wieder gut, und er konnte voll arbeiten. Wir kamen aus dem Urlaub in Österreich zurück, als mein Mann Zeichen einer Grippe hatte, die ihn sehr schwächte.

Dann begann für uns alle eine sehr schwere Zeit. Bei Untersuchungen erhärtete sich der Verdacht eines Lymphoms. Bei weiteren Untersuchungen zeigte sich, dass dieser Tumor auch schon in den Kopf gestreut hatte.

Nun folgte eine Zeit von Krankenhausaufenthalten und Bettlägerigkeit. Aber oftmals schenkte Gott im letzten Augenblick Lösungen, sodass es nicht über unsere Kraft ging.

Mein Mann spürte, wie es um ihn stand. Er hatte den tiefen Wunsch, mit einigen Menschen zu sprechen, mit denen es früher Differenzen gegeben hatte. Es war ihm wichtig, um Vergebung zu bitten, auch wenn er die Schuld nicht primär bei sich sah.

Zu diesen Gesprächen kam es auch. Leider konnte Josef zu diesem Zeitpunkt nicht mehr sprechen, aber sich durch Körpersprache mitteilen. Ich formulierte für ihn seine Anliegen. Besonders eine der Personen war tief berührt von diesem Gespräch.

Für die Ärzte war es unbegreiflich, dass Josef unter keinerlei Schmerzen litt. Das erschien uns allen als große Gnade Gottes. Josef strahlte Gelassenheit aus.

Unsere Tochter und ich wechselten uns ab, sodass immer eine von uns bei meinem Mann war.

Ich war gerade wieder bei ihm, als er mich besonders intensiv anschaute. Es schien mir, er wollte mir etwas Wichtiges mitteilen. Danach wendete er leicht den Kopf und blickte auf seine leicht angehobene rechte Hand. Diesen Vorgang wiederholte er mehrmals, in dem er immer wieder auf mich und dann auf seine Hand schaute. Dabei bewegte er seine Hand immer mehr nach oben, so weit er Kraft dazu hatte. Schließlich folgte er mit seinen Blicken der Hand so, als würde jemand ihn von oben her abholen und mit sich nehmen. Er sah dabei unendlich glücklich aus und so strahlend, dass ich keine Worte dafür finden kann.

In den nächsten Stunden war Josef kaum mehr ansprechbar. Meine Tochter und ich verbrachten betend und singend die letzten Stunden mit ihm.

Zu diesen Liedern gehörten: »Stern, auf den ich schaue«, »Wenn Friede mit Gott meine Seele durchdringt«, »Ich brauch dich allezeit ...«.

Wie dankbar war ich für jedes Lied und jeden Bibelvers, den ich auswendig kannte. Sie gaben meinem Mann und mir selbst unendlich viel Trost.

Bevor Josef endgültig seine Sprache verlor, betete er: »Herr Jesus, hab Dank für diese Leidenszeit.«

Mir kamen die Tränen. Ich spürte, wie ehrlich er es meinte. Nie hatte er nach dem Warum gefragt. Ganz anders ging es mir: Bis zuletzt hoffte ich auf ein Eingreifen Gottes, indem er Josef mit Heilung berührte.

Als Josef starb, brach ein Stück meines Vertrauens in Gott weg. Ich konnte nicht verstehen, dass ER unsere heißen Gebete, die wir aus gläubigem Herzen gesprochen hatten, unerhört ließ.

Heute, fast ein Jahr nach Josefs Tod, kann ich erkennen, wie oft Gott geholfen hat. Zum Beispiel fanden wir einen Platz auf einer Pflegestation in einer Zeit, in der ich kräftemäßig am Ende war.

Auch dass ich bei Josef sein durfte, als er starb – was dann überraschend schnell geschah –, zeigt mir die liebevolle Führung Gottes. Kurz zuvor hatte im Raum gestanden, dass ich zum Schlafen nach Hause gehen wollte.

Trotz aller Durchhilfe Gottes brauche ich noch Zeit, um wieder fröhlich bezeugen zu können: Gott ist gut. Der Schmerz über den Verlust meines Mannes sitzt noch tief in meinen Knochen. Da ist immer noch die Enttäuschung darüber, dass ich an Heilung geglaubt hatte, und mein Mann trotzdem starb.

Schwer ist für mich zu akzeptieren, dass Menschen aus der Gemeinde meinten zu wissen, wie ich die Trauer zu verarbeiten hätte. Sie meinten, ich müsste nach dem sogenannten Trauerjahr wieder glücklich aussehen. Und ich sollte wieder hellere Kleidung tragen.

Ich danke Gott dafür, dass ER mir nicht vorschreibt, wie meine Trauerarbeit aussehen muss.

ER liebt mich, auch wenn ich traurig bin. Das gibt

mir das Gefühl, dass ER mehr Geduld mit mir hat als manche Mitchristen.

Leben wir, so leben wir dem Herrn;
sterben wir, so sterben wir dem Herrn.
Darum: Wir leben oder sterben,
so sind wir des Herrn.
Denn dazu ist Christus gestorben
und wieder lebendig geworden,
dass er über Tote und Lebende Herr sei.
Römer 14,8.9

Andi

Ein Motorradunfall und seine Folgen

Andi kenne ich seit einigen Jahren. Er hat inzwischen seinen 30. Geburtstag hinter sich. An seinem Leben sehe ich, wie wunderbar Gott in ein Leben eingreift und Bewahrung schenken kann, mitten im Schweren. Und ich erkenne, wie manchmal ein Mensch durch Leid mehr Tiefe gewinnt als durch Tage unbeschwerten Glücks.

In diesem Bericht kommt Andreas selbst zu Wort:
Mit etwa 12 Jahren hatte ich einen Fahrradunfall. Ich kollidierte mit einem Auto, das mit überhöhter Geschwindigkeit durch die Ortschaft fuhr. Der Fahrer erfasste mich, als ich die Straße überquerte. Ich schlug mit dem Kopf auf der Bordsteinkante auf. Heute betrachte ich es als Wunder, dass ein gebrochenes Bein die einzige Folge war. Allerdings legte ich danach ziemlich viel Gewicht zu, weil jeder mir Gutes tun wollte …

Während meines Studiums, im letzten theoretischen Semester, erlitt ich einen weiteren Verkehrsunfall. Ich kann mich nicht daran erinnern, wie es passierte. Für die Zeit von zirka drei Wochen vor bis 6 Wochen nach dem Unfall fehlt mir jegliche Erinnerung.

Es war auf dem Heimweg, als ich mit meinem Motorrad schwer verunglückte. Man dachte zunächst, ich sei tot.

Alles, was ich darüber weiß, wurde mir erzählt. Nach und nach fügte sich davon ein Bild zusammen, wie es gewesen sein könnte. Aus ungeklärten Gründen war ich von der Maschine geschleudert worden und mit dem Kopf auf der Mittelleitplanke aufgeschlagen. Dabei erlitt ich diverse Brüche und ein Schädel-Hirn-Trauma dritten Grades.

Das ganze Geschehen fand auf einer vierspurigen, stark frequentierten Hauptverkehrsstraße zur Mittagszeit statt. Doch erst 35 Minuten später ging der erste Notruf bei der Polizei ein! Dies stellte die Polizei fest, als sich eine Woche nach dem Unfall ein Zeuge meldete, um seine Aussage zu machen! Er hatte den Unfall beobachtet, aber keine Hilfe herbeigerufen!

Weshalb ich trotz der Zeugenaussage den Unfallhergang nicht kenne, liegt daran, dass meine Mutter darauf verzichtete, dem Zeugen zu begegnen. Sie war so wütend auf diesen Menschen, der einem anderen Menschen in Not keine Hilfe angeboten und nicht einmal Hilfe geholt hatte. Lieber wollte sie nichts wissen, als diesem Menschen unter die Augen zu treten. Denn er und auch viele andere waren dafür verantwortlich, dass ich nicht schon mehr als eine halbe Stunde zuvor versorgt worden war.

Als die Rettungskräfte endlich eintrafen, stellten sie einen Krampfanfall fest. Ich wurde sofort in ein Unfallkrankenhaus eingeliefert. Wegen zahlreicher Verletzungen und einer Hirnblutung versetzte man mich ins künstliche Koma. Die Operationen verliefen erfolgreich. So konnte ich zwei Wochen nach dem Unfall wieder aus dem Koma geholt werden. Danach wurde ich zur Frührehabilitation an den Bodensee verlegt.

Selbstverpflegung war eine der Aufnahmebedingungen. Da ich aber nicht in der Lage war, selbstständig zu essen, ließ sich meine Mutter von ihrer Firma freistellen und nahm ein Zimmer. Mit viel Liebe und Geduld brachte man mir wieder das Sprechen und Laufen bei, denn ich konnte auch das nicht mehr ohne fremde Hilfe.

Durch die künstliche Ernährung war ich bei einer Größe von 1,90 m von etwa 90 kg auf 60 kg abgemagert. Außerdem hatte ich massive Probleme mit meinem Kurzzeitgedächtnis. Hatte ich Besuch, so wusste ich am nächsten Tag schon nicht mehr, wer da gewesen war.

Erst nachdem die anderen Verletzungen in den Hintergrund getreten waren, fiel mir auf, dass mein linker Arm lahm war. Bei einer weiteren Operation versuchte man das zu beheben.

Durch meine familiäre Betreuung, den Glauben an Gott und starken Willen konnte ich mit Gottes Hilfe überraschend schnell Fortschritte machen. Peu à peu kehrte ich in ein selbstständiges Leben zurück.

Allerdings bemerkte ich eine nachhaltige Veränderung. Wo ich vorher eher der Karrieretyp war, hatte ich nun andere Ziele. Mir wurde bewusst, dass vor Gott Karriere und Macht keinen Stellenwert haben.

Durch den Unfall wurde mein Studium unterbrochen. Nach mehrmonatiger Reha und dem Durchlauf aller drei Stationen dort, konnte ich an einem Wiedereingliederungsprogramm teilnehmen. Während dieser Phase wiederholte ich das fünfte Studiensemester. Ich musste darin eine Prüfung ablegen, die ich nur knapp bestand. Mein eingeschränktes Kurzzeitgedächtnis machte mir noch mächtig zu schaffen.

Panik kam in mir auf, da im letzten Studiensemester in einer Woche fünf Prüfungen abzulegen waren. Hatte ich mir doch schon mit einer einzigen so schwergetan!

Allerdings wollte ich nicht aufgeben und gab weiterhin mein Bestes.

Endlich befand ich mich in meinem letzten Studiensemester. Zwar hatte ich dabei ein Jahr Verzögerung, aber mit Gottes Hilfe war ich so weit gekommen.

Die Panik, die mich am Ende des wiederholten fünften Studiensemesters gepackt hatte, war immer noch da. Aber die Leistungen der abgelegten Prüfungen waren gut. Die Diplomarbeit meisterte ich sogar mit sehr gutem Ergebnis.

Ohne Wartezeit bekam ich dann einen Arbeitsplatz. So konnte ich nahtlos vom Studium ins Berufsleben durchstarten.

Durch häufige Physio- und Ergotherapie konnte ich auch körperlich immer weiter aufbauen. Diese Fitness benötigte ich hauptsächlich wegen der Einschränkung im Arm.

Ich musste ein Rentengutachten erstellen lassen. Bei der letzten Untersuchung waren die Ärzte regelrecht begeistert, weil man, vor allem bei meinem Arm, nicht mehr an solche Fortschritte geglaubt hatte. Trotzdem belegte das Rentengutachten auch, dass die Einschränkungen nicht komplett verschwinden würden. Für immer werden mich diese an die schwere Zeit erinnern. Ich sehe das nicht negativ, da ich ein lebendiger Beweis für Gottes Güte und Stärke bin. Aber ich weiß auch, dass jemand ohne Willen und Glauben niemals ans Ziel kommen wird.

Zwar sind die Verletzungen nicht alle weg. Ich hatte und habe noch Einschränkungen. Und es wäre übertrieben zu sagen, dass ich Gott für den Unfall danke. Aber alles in allem bin ich über die Veränderungen, die ER in meinem Leben dadurch bewirkt hat, mehr als dankbar.

Veränderungen

Anbetend, staunend steh ich still
vor Gottes Wunderwegen.
Was gestern noch ein Unglück war,
ist heute lauter Segen.

Ich sah in aller meiner Angst
nur auf das bitt're Ende;
unmerklich aber wölbten sich
um mich des Vaters Hände.

Ach, dass die Furcht sich wandeln mög'
in liebendes Vertrauen!
Ich sollte schon vor aller Not
sein Angesicht erschauen.

Ludwig Katzenmaier

Werner R.

Ich durfte spüren, dass Jesus für mich sorgt

Werner und Christel waren uns im ersten Pfarramt, das mein Mann Hans-Joachim innehatte, liebe Freunde geworden. Werner war als Ältester tätig. Obwohl uns die Wege dann wieder auseinanderführten, blieb doch ein Band der Verbundenheit. Dann hörten wir von Christels Erkrankung.

Werner berichtet:

Im Februar 1996 wurde bei meiner lieben Frau Christel das erste Mal Krebs diagnostiziert. Sie wurde operiert. Der Operateur machte uns Hoffnung, dass alles damit erledigt sei. Zur Sicherheit wurde anschließend noch eine Chemotherapie durchgeführt.

Irgendwann wollte Christel wieder mit ihrer Arbeit beginnen. Leider entstand an anderer Stelle ein völlig neuer Krebs, der äußerst aggressiv war. Weder Operation noch Chemotherapie halfen, was man im Voraus auch befürchtet hatte. Notoperationen schlossen sich an, damit die wichtigsten Funktionen im Körper erhalten werden konnten. Es war eine Zeit unendlichen Leides.

Trotzdem war es auch eine Phase der Dankbarkeit, die uns als Ehepaar erfüllte. Ich lernte alle Handgriffe kennen, die der Sozialdienst sonst getan hätte. So konnte ich meine Frau auf ihren besonderen Wunsch hin zu Hause versorgen.

Fast zwei Jahre durfte ich sie begleiten. Zunächst konnte sie sich selbst noch helfen, später war sie zu schwach.

Was half uns beiden? Wann immer es ihr ein wenig besser ging, las ich ihr die Tageslosung vor. Ein Buch zum Verstehen mancher Bibeltexte begleitete uns dabei. Die Bibel wurde uns zum kostbarsten Schatz, aus dem wir Trost schöpften. Wenn ich mit meiner Frau betete, spürten wir beide, wie Jesus uns nah war und tröstete. Obwohl wir das nie ausdrückten oder einander mitteilten, fand ich genau diese Aussage nach ihrem Tod später auf einem Zettel.

Sie starb im September 1998. Nach einem kurzen Gespräch mit mir ging sie in einem tiefen Schlaf am nächsten Tag in die Ewigkeit hinüber.

Tage später, nach der Beerdigung, war ich am Aufräumen und Wegräumen der Dinge, die nun nicht mehr gebraucht wurden. Dabei fand ich eine Notiz von ihr auf dem kleinen Tisch, neben dem sie oft im Sessel geruht hatte:

»Gerade in den Krankheitstagen suchte ich mehr als je zuvor das Gespräch mit Gott. Ich durfte spüren, dass Jesus für mich sorgt und mich fest an seiner Hand führt.«

Sorg du für mich

Sorg du für mich!
Ich hab mit meinen Sorgen
mich müd' gemacht
und hab umsonst
die Nacht bis in den Morgen
hindurch gewacht.

Sorg du für mich!
Ich kann nicht unterscheiden,
was gut und schlecht.
Du musst mich selbst
mit deinen Augen leiten
als deinen Knecht.

Sorg du für mich!
In aller Zukunft Grauen
fass meine Hand.
Wie Mose lasse mich
vom Berg erschauen
verheiß'nes Land.

Ludwig Katzenmaier

Kristin D.

Das Dennoch von Kristin
Jesus ist mein bester Freund

Kristin kenne ich, seit sie elf Jahre alt war. Es entwickelte sich eine Freundschaft, die lebenslang hielt.

Kindergottesdienst zu halten war mich, Ruth Heil, immer eine große Freude. Unter den vielen lebhaften Kindern fiel mir ein Mädchen auf, das eher still war. Das Besondere war ihr liebevoller Umgang mit den Kleineren. Sie hing auch an uns und unseren drei Kindern. Unter der Woche kam sie, um mit ihnen zu spielen. Kristin gab früh ihr Leben in die Hand Gottes. Sicher war das der Grundstein ihres Glaubens, der sie später durch schwere Zeiten hindurch getragen hat.

Während ihres Lehrerstudiums zeigte sich ihre schwere Krankheit zum ersten Mal. Sie war 22, als wegen großer Tumore im Kopf zwei Operationen durchgeführt wurden. Als wir uns nach dieser Zeit trafen, war ich erschüttert über die riesigen Narben an ihrem kahl geschorenen Kopf. Doch sie tröstete mich und war voller Zuversicht, alles würde ein gutes Ende haben.

Nach Abschluss ihrer Examina arbeitete sie mit geistig behinderten Kindern, die sie sofort ins Herz schlossen und die sie sehr liebte. Schließlich wurde sie, nachdem ein ärztliches Gutachten erstellt worden war, in den Schuldienst übernommen.

Ein ständiger Begleiter waren Kontrolluntersuchungen. Nach einigen Jahren machte eine körperliche Behinderung, bedingt durch einen weiteren Tumor, einen sehr gefährlichen Eingriff an der Halswirbelsäule erforderlich. Ich erinnere mich noch, wie sie mir berichtete, dass sie möglicherweise danach gelähmt sein würde. Wunderbarerweise blieben die befürchteten Folgen aus.

Kristin heiratete, und die beiden wurden mit zwei Kindern beschenkt. Leider machte sich die Krankheit danach wieder massiv bemerkbar. Es begann eine schlimme Leidenszeit. Weitere Operationen am Kopf und an der Wirbelsäule folgten. Tumore zerstörten fast vollständig das Gehör. »Das ist nicht einmal das Schlimmste«, meinte Kristin. »Da ist der entsetzliche Lärm, der mich ständig begleitet, ähnlich dem Getöse eines Flughafens.«

Kristins Eltern, die sie überall begleiteten, nahmen sie nun ganz zu sich, da sie sich nicht mehr selbst versorgen konnte. Leider zog sich Kristins Ehemann immer mehr von ihr zurück. Besonders die Trennung von den Kindern setzte Kristin sehr zu.

Trotzdem wurde ihr Glaube an Gott immer stärker. Sie war voller Sorge und Mitgefühl für alle Menschen, mit denen sie Kontakt hatte. Per Faxgerät pflegte sie intensiven Austausch mit ihren Freunden. Aus dieser Zeit stammen unendlich viele wertvolle Gedanken, Lieder und Gebete, die sie mir und anderen zugeschickt hat.

Intensiv widmete sie sich auch der Malerei und drückte in eindrücklichen Aquarellen ihre Gefühle aus. Leider wurden ihre Hände immer unsicherer, sodass sie sich immer weniger schriftlich mitteilen konnte.

Die letzten beiden Jahre musste sie im Heim verbringen, weil sie – durch das Cortison bedingt –, so sehr an Gewicht zunahm, dass sie nicht mehr zu Hause versorgt werden konnte. Ihre treu sorgenden Eltern organisierten aber, dass sie täglich von Familie und Freunden Besuch bekam.

Trotz ihrer Schwerstbehinderung entfaltete Kristin auch im Heim wieder ihre Fürsorge für andere. Im Winter erkrankte Kristin an einem Infekt der Atemwege. Leider erholte sie sich nicht mehr davon. Innerhalb weniger Tage holte sie der gute Hirte zu sich.

Als ich von ihrem Tod erfuhr, erfasste mich tiefer Schmerz. Was für eine wunderbare Frau war von uns gegangen! Während die innere Erschütterung vieles in mir aufwühlte, sah ich Kristin plötzlich vor mir, so wie ich sie von früher kannte. Sie tanzte vor Freude auf einem glänzenden Weg, der durchleuchtet war und wie Gold schimmerte. Es schien mir, als würde sie mich kurz anblicken und mir zublinzeln, so, als wollte sie sagen: Ruth, es ist alles, alles gut! Ich bin angekommen!

Es war einige Tage später.

Voller Schmerz war ich unterwegs zur Beerdigung. Tränen liefen mir über mein Gesicht, und ich musste mich immer wieder ermahnen, auf den Verkehr zu achten, während ich Auto fuhr.

Langsam stieg ich am Friedhof aus. Ich war sehr früh dort, aber vor dem Tor standen schon drei dunkel gekleidete Frauen. Als ich an ihnen vorbeigehen wollte, sprachen sie mich an. »Wir kennen Sie!« Erstaunt wollte ich wissen, woher. »Sie waren immer wieder zu Besuch bei Frau Lanz. Wir sind vom Pflegepersonal im Heim.«

»Gehen Sie immer zu Beerdigungen Ihrer ehemaligen Heimbewohner?«, fragte ich.

»Nein, das ist gar nicht möglich. Aber bei dieser Frau mussten wir dabei sein. Sie war ein solches Licht für unser Haus!«

»Aber sie konnte sich doch nur noch im Rollstuhl bewegen – und außerdem hörte sie doch gar nichts.«

»Das hinderte sie aber nicht daran, an die Betten der anderen Kranken zu rollen, um ihre Hände zu halten und das Vaterunser mit ihnen zu beten.«

Während ich zurückblicke, fällt mir eine Begebenheit ein, die mich tief berührte:

Wieder einmal war ich in der Nähe, um Kristin zu besuchen. Als ich ins Zimmer kam, lag sie fast teilnahmslos im Bett. Sie konnte an diesem Tag nicht aufstehen, weil sie zu schwach war. Ich strich ihr über die

Stirn, sie wachte auf – und war vor Glück ganz außer sich, mich zu sehen. Immer waren wir innerlich miteinander verbunden, auch wenn ich nur selten kommen konnte. Da sie unsere Familie gut kannte, fragte sie auch als Erstes nach dem Ergehen unserer Kinder. Sie holte eine kleine Fotomappe, in der sie von jedem aus unserer Familie ein Foto aufbewahrte, und nahm regen Anteil an dem, was ich ihr berichtete.

Da sie seit den Neurinom-Operationen nichts mehr hörte, schrieb ich ihr die jeweiligen Antworten auf ihre Tafel. »Doch jetzt erzähl mir von dir!«, bat ich sie. Was mir dann zu Ohren kam, trieb mir die Tränen in die Augen:

»Meine Tochter hat bald Konfirmation. Sie schrieb mir vor kurzem eine SMS und bat mich darin, ich möge doch nicht am Gottesdienst in der Kirche teilnehmen. ›Mama‹, meinte sie, ›verstehst du, du siehst durch die Krankheit so schrecklich aus, und das würde allen die Freude nehmen, wenn sie dich so im Rollstuhl sähen. Und bitte komm doch auch nicht zur Feier danach. Da könnte keiner mehr lachen und fröhlich sein.‹«

Ich fühlte mich wie erstarrt. Was ging wohl im Herzen meiner lieben Freundin vor sich bei solch einer Ausladung? Ich weinte, während ich mich über sie beugte. Da trocknete sie vorsichtig meine Tränen ab. »Du brauchst dich nicht für mich fertig zu machen«, sagte sie.

»Jesus tröstet mich sehr tief. Jesus ist mein bester Freund.«

Ich wurde also getröstet von einem Menschen, der durch entsetzliches Leid ging. Wie war so etwas möglich? Solchen Trost, wie sie empfangen hatte von unserem Herrn, konnte wirklich niemand sonst geben! Ich staune über das Vertrauen Kristins in Jesus Christus, ihren besten Freund.

Ihrem Onkel gegenüber hatte sie einmal geäußert: »Wenn ich nicht so krank geworden wäre, wüsste ich nicht, ob ich solch einen tiefen Glauben hätte.«

Kristin ist heimgegangen zu Jesus, ihrem besten Freund. Ich stelle mir vor, was sie zu mir sagen würde, wäre sie jetzt da:

»Ruth, ich tanze hier auf einer goldenen Straße. Die Vögel zwitschern, ich kann sie hören! Ich bin leicht wie eine Feder, nicht mehr an einen Rollstuhl gefesselt. Du würdest mich sofort erkennen, denn ich bin so schön, wie du mich von früher kennst, ohne dieses schreckliche Entstelltsein, das die Krankheit mit sich brachte. Ich lache aus voller Kehle. Meine Ohren nehmen wunderbare Musik wahr. Ich bin so unendlich glücklich – und ich bin Jesus begegnet.

Er hat mich empfangen, als ich angekommen bin ... und er hat mir schon die Wohnung gezeigt, die er für mich vorbereitet hat ...«

Dennoch bleibe ich stets an dir;
denn du hältst mich bei meiner rechten Hand,
du leitest mich nach deinem Rat
und nimmst mich am Ende mit Ehren an.

Wenn ich nur dich habe,
so frage ich nichts nach Himmel und Erde.
Wenn mir gleich Leib und Seele verschmachtet,
so bist du doch, Gott, allezeit meines Herzens Trost und
mein Teil.

Das ist meine Freude,
dass ich mich zu Gott halte
und meine Zuversicht setze auf Gott, den Herrn,
dass ich verkündige all dein Tun.

Psalm 73,23–26.28

Barbara B.

Das Flackerlicht der kleinen Kerze

Eine Freundin erzählte mir diesen Traum

Auf einem großen Feld sah ich den Glanz vieler leuchtender Kerzen. Da waren große, dicke Kerzen, aber auch schmale, lange zu sehen. Es gab reichlich verzierte Exemplare und schlichte, vornehm weiße, wie auch grell bunte. Sie alle brannten ruhig vor sich hin.

Am Rande des Feldes aber entdeckte ich eine kleine, unscheinbare Kerze, die ziemlich heruntergebrannt war. Sie glich eher einem Teelicht und gab mit ihrem dünnen Docht nur einen schwachen Schein. Nach kurzem Aufflackern, bei dem man immer befürchten musste, jeden Moment könnte sie erlöschen, erholte sie sich aber wieder und brannte weiter.

Plötzlich fegte ein starker Windstoß über das Feld. Dunkelheit machte sich für einen Moment breit. Doch nach einem kurzen Augenblick flammte die alte Pracht der leuchtenden Kerzen wieder auf. Sie hatte sich an der verbliebenen Hitze neu entzündet.

Erschrocken schaute ich zu der kleinen Kerze am Rande! War es jetzt endgültig um sie geschehen? Nein! Eine große Hand hatte sich im Augenblick des Windstoßes schützend um das schwache Licht gelegt. »Du wirst nicht ausgehen«, flüsterte der, dem die Hand gehörte, »denn ich wache Tag und Nacht über dir. Du bist zwar nicht groß und stark, aber niemand darf dich auslöschen, denn ich bin bei dir. Die anderen Kerzen brennen aus ihrer eigenen Kraft. Du aber brauchst mich. Und weil mir die Kleinen und Schwachen so wertvoll sind, bin ich ihnen viel näher als den anderen, die es auch ohne mich schaffen.«

Irmgard Andree

Silke wird die Nacht wahrscheinlich nicht überleben

Meine Zeit steht in deinen Händen (Psalm 31,16)

Bei verschiedenen Vorträgen begegneten wir uns. Irmgard fiel mir auf durch ihr fröhliches Wesen. Mit großer Freude verteilt sie »Marburger Schriften« und ist darin auch Gebietsvertreterin. Ihre Sehnsucht besteht darin, viele Menschen mit der froh machenden Botschaft des Evangeliums zu erreichen.

Die Liebe zu Jesus half ihr, schwere Zeiten ihres Lebens durchzustehen, ohne in Verzweiflung zu enden. Eine dieser schweren Zeiten war der Unfalltod ihrer Tochter.

Hier schreibt Irmgard Andree:

Es war Anfang Januar, als unsere Tochter Silke mit ihrem Mann und den Kindern zu Besuch kam. Da uns einige Autostunden voneinander trennen, sind solche Treffen eine große Freude für uns alle. Ich staunte: Wie waren die Enkelkinder wieder gewachsen!

Am 8. Januar fuhren wir alle zusammen zur Geburtstagsfeier unserer Tochter Annette nach Darmstadt. Was für frohe Stunden hatten wir miteinander, Zeit zum Austausch, zum Spielen mit den Kindern und beim gemeinsamen Essen! Welch ein Geschenk, Familie

90

zu haben! Von dort aus machte sich dann jeder wieder auf den Heimweg.

Als ich abends noch mit meinem Mann die Tage mit den Kindern Revue passieren ließ, konnten wir Gott nur Danke sagen für all das Gute, das er uns geschenkt hat.

Inzwischen rief auch Silke an. Sie wären alle gut angekommen. Erneut war Dank in unserem Herzen.

Immer noch war unsere Krippe von Weihnachten aufgebaut. Als ich sie nachdenklich betrachtete, fiel mir auf, welch eine eigenartige Verbindung sich mit der dahinterliegenden Wand aufzeigte. Dort hing nämlich außer unserer Uhr auch ein Kreuz: Krippe, Kreuz und Uhr. Unwillkürlich kam in mir diese Verknüpfung zustande: Die Krippe – Gott sandte Jesus für uns zur Erde. Am Kreuz starb er für unsere Schuld. Doch er ist auferstanden. Mit ihm dürfen wir leben, ewiges Leben haben. Die Uhr an der Wand wird dann nicht mehr gebraucht werden. Aber auch schon hier auf der Erde gilt: »Meine Zeit steht in deinen Händen!«, wie es der Psalmist in Psalm 31,16 so trefflich ausdrückt.

Mit diesen Gedanken, die ich mit meinem Mann austauschte, gingen wir in die Nacht.

Am nächsten Morgen las ich eine E-Mail von Jürgen Mette. Er ist der Chef der Marburger Medien. Sein Team, zu dem ich gehöre, begrüßte er in der E-Mail mit seiner Eröffnungspredigt der Allianzgebetswoche. Immer wieder kam darin der Satz vor: »Ich lebe, und ihr sollt auch leben.« (Johannes 14,19) Durch den Tag begleitete mich auch ein Lied, das morgens im ERF gesungen worden war: »Wenn die Last der Welt dir zu schaffen macht, hört er dein Gebet.«

Ich betete darum, dass Gott uns alle festhält, unsere ganze Familie mit allen, die dazugehören.

Es war kurze Zeit später. Das Telefon klingelte. Silkes Mann rief an: »Silke hat einen schrecklichen Unfall gehabt. Sie liegt schwer verletzt in der Klinik ,Technische Hochschule' in Hannover. Unseren kleinen Maximilian, der mit im Auto war, haben sie in die Kinderklinik nach Braunschweig gebracht.« Er berichtete, wie Silke, wahrscheinlich durch Glatteis bedingt, ein wenig zu weit nach rechts von der Straße abgekommen war. Beim Gegensteuern war sie dann auf die Gegenfahrbahn geraten und frontal mit einem Lastwagen zusammengestoßen.

Es folgten Stunden des Wartens, Bangens, Weinens, Betens.

Um 16 Uhr kam eine weitere Nachricht. »Der Kleine hat eine Gehirnerschütterung und eine Schnittwunde. Aber es scheint, dass er außer Lebensgefahr ist.« Dankbarkeit erfasste uns, trotz allem.

Doch dann hörten wir um 18 Uhr die niederschmetternde Mitteilung durch Silkes Ehemann Kristian: »Silke schwebt in Lebensgefahr und liegt im Koma. Wahrscheinlich wird sie die Nacht nicht überleben. Die Ärzte haben keinerlei Hoffnung für Silke.«

Mein Mann und ich beschlossen, uns sofort auf den Weg zu machen. Gerade da kam unser Prediger der Landeskirchlichen Gemeinschaft in Lachen vorbei. Er bot sich an, uns aus der Pfalz mit dem Auto nach Hannover zu fahren.

In Darmstadt luden wir unsere Tochter Annette mit ins Auto und kamen dann gegen ein Uhr nachts in Hannover an. Erneut wurden wir mit der Nachricht konfrontiert, dass für Silke keinerlei Chancen bestehen. Wir waren tief erschüttert.

Silkes Mann lag weinend in einem Nebenzimmer. Sein Vater war bei ihm.

Fast ununterbrochen saß ich am Bett unserer Tochter. Sie lag im Koma und war an verschiedene Maschinen angeschlossen. Die Ärzte versicherten mir, sie habe keine Schmerzen.

Wie gerne hätte ich ihr noch einmal in die Augen geschaut, all das ausgedrückt, was der Mund nicht sagen kann. Doch ihr Gesicht war mit einem Tuch verdeckt. Man bat mich, es nicht wegzunehmen, da durch den Frontalaufprall nichts mehr von ihrem Gesicht zu erkennen sei.

Neben ihr saß ich am Bett und sang Lieder, die mir einfielen. Bibelverse, die durch meinen Kopf gingen, sprach ich ihr zu. Dann betete ich und rief Gott zu, er möge ihr jetzt ganz nahe sein.

»Wir haben dich unendlich lieb«, ließ ich sie wissen. »Bitte vergib alle Versäumnisse und wo wir dich traurig gemacht haben« – das war mir wichtig, noch einmal zu erwähnen.

Alle Grüße, die mir aufgetragen worden waren, richtete ich aus und erzählte ihr von der Liebe, mit der alle an sie dachten.

Als ich meinte, alles gesagt zu haben, was mir wichtig war, betete ich erneut:

»Herr, du mein Gott, ich lege mein Kind jetzt in deine Hände. Danke, dass du sie uns anvertraut hast und wir sie haben durften. Jetzt lasse ich sie los, wieder zurück zu dir. Bitte sorg du jetzt für sie. Nimm sie auf in dein Reich, wo kein Leid, keine Schmerzen, keine Tränen mehr sind. Danke für dieses wunderbare Geschenk, das du uns mit ihr gemacht hast.«

Und weiter betete ich, sang Lieder und sprach Silke tröstliche Bibelworte zu.

Mittwochs kam es zu einer Unterredung zwischen den Ärzten, Silkes Mann und mir.

Sie erbaten das Einverständnis, sollte man den klinischen Tod feststellen, die Maschinen abschalten zu dürfen. Obwohl es uns schrecklich schwerfiel, sagten wir dazu Ja.

Silkes Mann verabschiedete sich danach von seiner Frau und brach dabei zusammen.

Mein inniges Gebet war, Gott möge den Zeitpunkt des Todes von Silke bestimmen, ohne dass wir über das Ausschalten der Maschinen entscheiden müssten.

In der darauffolgenden Nacht wachte ich bis gegen

drei Uhr an Silkes Bett. Danach legte ich mich für einige Zeit in den Nebenraum auf eine Liege. Gegen fünf Uhr rief mich die Nachtschwester und sagte, mit Silke gehe es zu Ende.

Ich saß an ihrem Bett und hielt ihre Hand. Dabei versicherte ich ihr nochmals unsere Liebe.

Mit wehem Herzen, aber irgendwie auch getröstet, sang ich:

> »Vater, ich komme jetzt zu dir,
> als dein Kind lauf ich in deine Arme.
> Ich bin geborgen, du stehst zu mir,
> lieber Vater.
> Vater, bei dir bin ich zu Hause,
> Vater, bei dir berge ich mich.
> Vater, bei dir finde ich Ruhe,
> oh mein Vater, ich liebe dich.«
> (Daniel Jacobi)

»Lebe wohl«, flüsterte ich ihr zu.

Als sie schon heimgegangen war in die ewige Heimat, blieb ich noch bis 7.30 Uhr an ihrem Bett sitzen und nahm Abschied von meinem geliebten Kind.

Das Wissen, dass sie Jesus lieb hatte und jetzt bei ihm ist, ist unsere Hoffnung und unser Trost bei all dem schweren Leid und Verlust.

Dem kleinen Maximilian, dem Kind von Silke und Kristian, geht es inzwischen wieder sehr gut. Er darf mit seiner Schwester Franziska bei den Eltern unseres Schwiegersohnes leben. Unser Schwiegersohn wohnt jetzt auch dort, um so oft wie möglich bei den Kindern zu sein.

Nein, der Verlust ist nichts, was man so nebenbei bewältigt. Stärker als mein Mann und ich sind unser Schwiegersohn und seine Eltern täglich mit den Fragen der Kinder konfrontiert. Es sind Fragen, die schwer zu beantworten sind: »Wo ist Mama? Warum kommt sie nicht wieder?«

Dieses Warum ist so schmerzlich, weil wir noch auf der Erde sind.

Es gibt darauf keine Antwort. Nur eines ist möglich: den Trost Gottes annehmen, damit man nicht verzweifelt. Das ist eine tägliche Herausforderung: gegen jeden Zweifel anzukämpfen, der die Liebe Gottes infrage stellt.

Es wird der Tag kommen, an dem es auf alles Leid eine Antwort geben wird ...

> *Ich bin gewiss,*
> *dass weder Tod noch Leben,*
> *weder Engel noch Mächte noch Gewalten,*
> *weder Gegenwärtiges noch Zukünftiges,*
> *weder Hohes noch Tiefes*
> *noch eine andere Kreatur*
> *uns scheiden kann von der Liebe Gottes,*
> *die in Christus Jesus ist, unserm Herrn.*
> *Römer 8,38.39*

Hier hast du meine beiden Hände

Hier hast du meine beiden Hände,
ich kann ja nichts aus eigner Kraft;
du weißt den Weg, du weißt das Ende,
bring du mich durch die Fremdlingschaft.

Ach, leite mich mit deinen Augen
auf jedem Schritt im dunklen Tal!
Wie gar nichts meine Kräfte taugen,
ich fühl es täglich tausendmal.

Ich müsste ja vor Angst verzagen,
wüsst ich nicht, dass du mit mir gehst,
dass deine Schultern für mich tragen,
und dass im Kampf du bei mir stehst.

Ich bitte nur, dass bis zum Ende
du mich in dein Erbarmen hüllst.
Hier hast du meine beiden Hände:
Nun mache mit mir, was du willst.

Hedwig von Redern

Zwiegespräch mit Pater Nikolaus

Ruth Heil blickt zurück

Schon seit vielen Jahren verbringen wir mit Menschen, die Jesus Christus lieben, die Ostertage. Eine wundervolle Tagungsstätte im Pfälzer Wald, die »Heilsbach« bei Schönau, ist in dieser Zeit unser Zuhause. Meist findet dort gleichzeitig eine zweite Tagung statt, die Pater Nikolaus, der Abt eines Klosters bei Darmstadt, durchführt. Seine Teilnehmer sind Senioren. Die liebevolle Art, wie er mit Menschen umgeht, tut gut. An ihm wird die Liebe Gottes so richtig sichtbar.

In der Osternacht oder auch bei den Mahlzeiten begegnen unsere Gruppen einander. Im Laufe der Jahre hat sich ein herzlicher Kontakt entwickelt. Immer wieder schenke ich Pater Nikolaus Neuerscheinungen meiner Bücher. Oft gibt er diese Literatur seinen Nichten weiter.

Gerade war wieder ein Buch von mir erschienen: »Von der Freiheit, eine Frau zu sein«. Im begleitenden Brief schrieb ich: »Das ist nun kein Thema für dich. Die Lektüre ist wieder für deine Nichten bestimmt.«

An jenem Tag, als das Buch ankam, war Pater Nikolaus zu beschäftigt gewesen, um die Post gleich zu öffnen. Er hatte selbst den Innenhof vom Unkraut befreit, nachdem der, den er dazu beauftragt hatte, es wiederholt vergessen hatte. Als Pater Nikolaus am Abend mit diesem Klosterbruder durch den Garten zum Essen ging, merkte dieser nicht einmal, dass jemand die Arbeit für ihn erledigt hatte. Pater Nikolaus war innerlich aufgebracht und dachte bei sich: Ich bin ein wirklicher Esel. Statt den anderen für seine unerledigte Aufgabe zu rügen, arbeite ich für ihn. Und dann merkt er es nicht einmal! So etwas werde ich nicht wiederholen.

Abends öffnete er das Päckchen und las meinen Brief. Aber er schlug auch das Buch auf. Es stach ihm sofort ein Kapitel in die Augen, das ihn interessierte: »Dienen als Königin oder Esel«.

Der Inhalt sagt etwas davon, dass allein die Haltung, mit der wir arbeiten, uns zu dem macht, was wir sind. Es ist nicht die Art der Arbeit! Er las weiter, dass Jesus Christus als König die Füße der Jünger wusch, ohne sich als Esel zu fühlen.

Pater Nikolaus konnte sich direkt damit identifizieren – und das schrieb er mir dann in einem Brief: »Wenn ich wieder einmal die Beete vom Unkraut befreien werde, werde ich das als König tun, nicht als Esel!«

Dann kam der Tag, als uns mitgeteilt wurde, dass Pater Nikolaus ganz plötzlich gestorben war. Die Nachricht traf uns völlig unvorbereitet. Ich war tief erschüttert, denn niemand hatte damit gerechnet. Es war einfach unfassbar.

Erinnerungen tauchten in mir auf.

Zwischen ihm und mir entspann sich ein Gespräch. Es war, als stünde er neben mir und würde mir Antwort auf meine Fragen geben, die mich bewegten.

»Warum bist du schon abgerufen worden?«, klagte ich.

»Der Herr wollte mich retten. Er hat mein Gebet erhört«, hörte ich ihn antworten.

Ich war nachdenklich und voller Trauer. So schwieg ich.

Da sah ich innerlich ganz deutlich sein Gesicht vor mir. »Ruth, es ist alles gut«, und noch strahlender: »Es ist sogar bestens.«

Kurz danach wurde ich zum Telefon gerufen, dann läutete die Türglocke.

Schließlich begann ich mit der Vorbereitung fürs Mittagessen.

Ich hatte den Eindruck, wieder stünde Bruder Nikolaus (so nannten wir ihn) direkt neben mir, interessiert an allem, so wie früher.

Und wieder begann ich mit ihm zu reden. Seine Gegenwart erschien mir so selbstverständlich, dass ich mich nicht einmal darüber wunderte, dass ich mit ihm sprach und er mir antwortete.

»Ich bin traurig, dass wir uns jetzt nicht mehr begegnen und miteinander sprechen können.«

»So sprich mit Jesus Christus«, forderte er mich auf. »Er ist ein besserer Freund, als ich es je für dich hätte sein können.«

»Ich bin betrübt, dass wir uns nicht mehr sehen können«, fuhr ich fort.

Es war mir, als würde er lächeln: »Nicht mehr sehen? Wir werden uns wiedersehen, und unser Herz wird jubeln. Wir werden zusammen Hallelujas singen, viel vollkommener als im Speisesaal zu Heilsbach. Es ist nur noch eine kleine Zeit ...«

»Ach, ich muss einfach weinen, denn Abschied tut so weh!«

»Es ist gut so«, meinte er verstehend, »am Weinen wird klar, ob man geliebt wurde und geliebt hat. Aber hier gibt es keine Tränen und keinen Abschied mehr. Und jetzt freu dich doch mit mir! Ich bin angekommen! Du bist noch unterwegs. Ich bin schon zu Hause. Könnte ich dir nur beschreiben, wie schön es hier ist. Aber mit irdischen Begriffen ist es nicht zu erklären.«

»Aber es gibt nur so wenige, die so lieben und barmherzig sind wie du. Nun ist die Welt wieder um einen ärmer, lieber Bruder Nikolaus!«

»Jetzt müssen andere weitermachen mit dem, was mir am Herzen lag. Sie sollen nun Barmherzigkeit weitergeben, statt immer nur auf welche zu warten. Dann vervielfältigt sich ihr Leben.«

»Was gibst du uns als Vermächtnis weiter?«

»Liebt, liebt! Lasst die Liebe zu Jesus Christus weiterstrahlen, damit die Welt voll wird von dem Licht seiner Liebe.«

Man fand Pater Nikolaus tot im Klostergarten, die

Schaufel noch in seiner Hand. Er hatte also doch wieder gejätet. Aber dieses Mal sicher nicht als Esel! Auf seinem Sarg lag später die Schaufel und eine Rose ...

Christus spricht:
»Ich bin der gute Hirte.
Der gute Hirte lässt sein Leben für die Schafe.
Meine Schafe hören meine Stimme, und ich kenne sie, und sie folgen mir;
und ich gebe ihnen das ewige Leben, und sie werden nimmermehr umkommen, und niemand wird sie aus meiner Hand reißen.
Mein Vater, der sie mir gegeben hat, ist größer als alles, und niemand kann sie aus des Vaters Hand reißen.«
Johannes 10,11.27–29

Phoebe Grüneberg

Wie aus einer Freya eine Phoebe wurde

Phoebe, damals noch Freya, lernte im Jahr 1995 Jesus Christus als ihren Herrn und Erlöser kennen. Danach fiel ihr mein Büchlein »Tautropfen der Liebe Gottes« in die Hände. Einige Monate später lernten wir uns persönlich kennen, als sie von der Ostsee in die Pfalz kam.

Eine ihrer Töchter lebt in Italien. Jahre zuvor war dieser mein Buch »Du in mir« geschenkt worden. Da sie sich davon angesprochen fühlte, bat Phoebe mich, ihr einen persönlichen Brief zur Geburt ihres fünften Kindes zu schreiben. Das tat ich mit Freude …

Hier berichtet Phoebe

Was war ich früher für ein übermütiger, begabter und in meinen Augen lebenstüchtiger Schmetterling gewesen, der alles im Griff hatte!

Und nun? Ein trostloses, in jeder Hinsicht behindertes und abhängiges Bündel Mensch war ich geworden! Ich konnte nicht einmal mehr sprechen. Nach vielen Wochen Intensivstation und grässlichen Behandlungen lernte ich wenigstens Rollstuhl fahren. Wo war Gott? Ich glaubte nicht an ihn und beschäftigte mich auch nicht mit ihm.

Meine Eltern waren ungläubige, kirchenlose, aufge-
klärte Humanisten gewesen. In den Kriegswirren schien
Gott mich aber dann mehrere Male gerettet zu haben.
Doch damals wusste ich nicht, dass ER es war. Da gab
es Bomben, Flammen, Flucht … Doch ich dachte nicht
daran, Gott für meine Rettung zu danken … Ich meinte,
einfach nur Glück gehabt zu haben!

Nach dem Krieg wurde ich, weil es in der Stadt
nichts zu essen gab, bei einer Bauersfrau untergebracht.
Sie erzählte mir von Jesus. Und mit meinen fünf Jahren
war mein Herz offen für Gott. Weil ich es unbedingt
wollte, ließen meine Eltern zu, dass ich mit sieben Jahren in der Dorfkirche getauft wurde. Danach lebte ich
wieder in der Stadt bei meinen Eltern. Zwar wurde
ich mit 15 konfirmiert, aber vom Glauben war ich
weit entfernt. Ich registrierte, wie die Erwachsenen
um mich herum nur frommes Theater spielten.

»Ich werd's euch zeigen«, wurde mein Lebensmotto,
und ich nahm mir vor, noch besser als die anderen
Theater spielen zu können! Mitten im Schauspielun-
terricht, ich war inzwischen 21, steuerte ich dann doch
einen anderen Kurs an. Ich heiratete und hatte mit 25
Jahren schon drei süße Kinder geboren. Mein »toller«
Ehemann hatte die Idee, ein Zweitstudium zu beginnen. Das bedeutete, dass ich ihn kaum mehr zu Gesicht
bekam. Ich wurde immer unglücklicher. In der Zeit
der 1968er galt die Ehe sowieso nur als altes Ritual,
das man sich sparen konnte. Das förderte nicht gerade

meine Motivation, verheiratet zu bleiben. Mein Ehemann, inzwischen auf dem Weg zum Professor, ermutigte mich dazu, auch nochmals mit einem Studium zu beginnen. Mein Stipendium reichte für eine Kinderfrau, die dreimal pro Woche kam. Und während schließlich ein Kind nach dem anderen eingeschult wurde, war auch mein Studium beendet. Ich verdiente nun mein eigenes Geld als Musik- und Kunstlehrerin. Fortan spendete ich für Greenpeace, trat aus der Kirche aus und reichte meine Scheidung ein.

Es folgten sieben Jahre Singledasein. Dann heiratete ich erneut.

Mich erstaunt die Treue Gottes. Ich hatte den Taufbund, den ich als Kind 1947, damals mit meinem ganzen Herzen, geschlossen hatte, ständig gebrochen. Doch ER hatte seinen Engeln befohlen, dass sie mich behüten (Psalm 91). Mir wird heute bewusst, welche Gnade es war, dass ich bei allen schlimmen und schmerzlichen Ehe-Erfahrungen nicht durchdrehte. Auch bei den z. T. selbst verursachten Autounfällen war ich nicht ums Leben gekommen. Von mir ausgelöste Fehlgeburten überstand ich. Und Zusammenstöße mit dem heranwachsenden Sohn, der drogenabhängig war, gingen glimpflich ab. War ich nur am Leben geblieben, weil ich so eine starke Emanze war?

Fast fünf Jahre lang genoss ich unbekümmertes, neues Eheglück. Dann sauste ein Krankheitshammer nach dem anderen auf mich nieder.

Ich blicke zurück zum Höhepunkt meiner Schicksalslinie.

Mit 47 Jahren bekam ich Brustkrebs. Es folgte eine Amputation. Danach litt ich unter Lymphbahnentzündung. Mit 48 Jahren wurde meine Gebärmutter wegen ununterbrochener Blutungen entfernt. 51 Jahre war ich schließlich alt, als ich mich einer Tumoroperation am Gehirn unterziehen musste. Es wurde nur ein Teil des Tumors entfernt, um einer nachfolgenden schweren Lähmung vorzubeugen. Der Rest würde wohl wieder nachwachsen, erklärte mir später der Neurologe. Nach der Operation folgte eine schwere Hirnblutung, die mich total außer Gefecht setzte.

Weitere Operationen folgten. Vor, während und nach solchen Eingriffen war ich »weg«. Irgendwo »oben«, so fühlte ich, befand ich mich in einem langen Gang, der in eine überdimensionale, dämmrige Höhle führte. Ganz weit hinten in dieser Höhle standen, eng gedrängt, mit dem Rücken zu mir, Hunderte von Personen, gekleidet in graue Kapuzenmäntel. Ich ging auf sie zu und sah, wie sich fünf von ihnen umdrehten und sich dann mit ausgestreckten, ins Groteske anwachsenden Zeigefingern auf mich zu bewegten. Wie weiße Riesenwürste schoben sich ihre Finger vor meine Brust.

»Wir wollen dich noch nicht, geh zurück!«, wurde mir von ihnen befohlen.

Ich sollte also wieder aufwachen!

Als ich zu mir kam, saß mein Ehemann Heiner an meinem Bett und weinte: »Du darfst nicht sterben, ich brauch dich doch noch!« Was für ein wunderbares Geschenk hat Gott mir mit ihm gemacht. Damals wusste ich das allerdings noch nicht.

Ich war aggressiv und wütend. Warum hatte man mich nicht sterben lassen, sondern wieder ins Leben zurückgeholt? Böse begegnete ich allen, die sich mir näherten. »Sie stinken aus dem Mund«, herrschte ich den Oberarzt an, als er mir eine neue Sonde legen wollte. Die mich strafend anblickende Oberschwester Ursula »beglückte« ich dann mit den Worten: »Sagen Sie bloß, Sie hätten das noch nicht gerochen!« Gottlos und unbarmherzig ging ich mit Menschen um. Monatelang hing ich an Schläuchen, war total abhängig, hilflos und wütend. Wochenlang konnte ich nicht mehr sprechen. Nur eine Art von Bellen war möglich. Meine Hände gehorchten mir nicht mehr, also konnte ich auch nicht schreiben. Außer hören und halbwegs etwas mit den Augen erkennen funktionierte nichts mehr. Auch über meine Ausscheidungsorgane verlor ich die Kontrolle. So sprudelte es einfach aus mir heraus. Es war peinlich und demütigend.

Früher hatte ich getanzt, Klavier und Gitarre gespielt, vor großem Publikum gesungen. Nun trug ich Windeln und brauchte eine halbe Stunde, um mir eine Socke anzuziehen. Wie ich die Ärzte und Pfleger hasste, die mir zumuteten, es selbst zu machen!

Auf der Intensiv- und Wachstation der Kopfklinik hatte ich nur apathisch vor mich hingedämmert, kaum etwas wahrnehmend. Doch in der Reha-Klinik dachte ich fast ununterbrochen: »Wäre ich doch zu Hause!« Endlich, nachdem ich einen Rollstuhl-Vertreter nach dem anderen »abgeschmettert« hatte (ich wollte mich nicht an solch ein Gefährt gewöhnen), brachte mein Mann mich nach Hause, trug mich über unsere Hausschwelle und setzte mich in den Sessel vor dem großen Gartenfenster. Nein, der Schmerz war nicht zu Ende.

Immer noch wollte ich nicht leben. Ich saß als trostloses, in jeder Hinsicht behindertes Bündel Mensch vor dem unerreichbaren Frühlingsgrün am Fenster. Meine halb geschlossenen Augen tränten unaufhörlich, aus meinem Mund floss unkontrolliert der Speichel.

Heiner fütterte mich, putzte das Erbrochene weg, trug mich zur Toilette, legte Eisbeutel auf die geschwollenen Lymphbahnen. Unerbittlich traktierte er mich mit den von der Krankengymnastin empfohlenen Bewegungsübungen. Meine ersten Gehversuche fanden um den Sessel herum statt, schließlich durchs Haus und dann durch den Sommergarten. Endlich schaffte ich es, bis zur Straße zu kommen.

Eines Tages versuchte ich, den Morgenspaziergang ohne Heiner zu bewältigen. Ich stakste wie ein Roboter den Gehweg entlang, die Augen fest auf den Boden gerichtet, um das Gleichgewicht halten zu können. Eine freundliche Stimme grüßte mich aus einem Garten. Als ich den Kopf hob und drehte, verlor ich das Gleichgewicht und fiel in eine Hecke. Die Frau mit der freundlichen Stimme half mir, wieder aufzustehen.

Wir freundeten uns an. Drei Jahre später nahm sie mich mit in ihre Kirche. Dort sang der Chor »Herr, mein Heiland und mein Hirte«. Laut und deutlich hörte ich eine Stimme, die zu mir sprach: »Ich bin es, nach dem du dein Leben lang gesucht hast.«

Das war im Oktober 1995. Darum hatte Gott mich also nochmals vom Tod zurückgeschickt! Ich wurde nun eine glühende Christin. Die Bibel verschlang ich wie jemand, der am Verhungern ist. Ich konnte nicht anders, ich musste jedem davon erzählen, was ich mit Gott erlebt hatte. Viele konnten mich nicht verstehen und dachten, das wäre nur so eine kurze Anwandlung. Man tat es ab mit der Bemerkung: »Wenn es ihrem kaputten Gehirn guttut, ist's schon o.k.«

Doch je mehr ich in der Bibel über Gott erfuhr, umso deutlicher wurde mir bewusst, dass nur bei ihm Wahrheit und Leben zu finden ist.

Immer mehr lernte ich eine Welt kennen, die ich früher nie wahrgenommen hatte, indem ich mit Menschen Gemeinschaft hatte, die Gott liebten, über Literatur, in Seminaren und Hauskreisen. Meine eigene Biographie mit allen Wirren begann ich ohne Beschönigung anzusehen. Ich hörte auf, andere zu beschuldigen, konnte plötzlich erkennen, wo ich selbst versagt hatte. Wo hatte ich die Zehn Gebote gebrochen? Das vierte, das fünfte, das sechste, das siebte, überall fand ich mich als Übertreter. Aber der Bruch des ersten Gebots war der Schlüssel zu allen anderen falschen Lebensentscheidungen gewesen, das wurde mir klar.

Vier Jahre nach den letzten operativen Eingriffen ließ Jesus mich wissen: Ich bin es, den du dein Leben lang gesucht hast.

Was aus meinem Kopf wird, berührt mich jetzt nicht mehr. Kontinuierlich ist meine Gesundung vorangeschritten. Da sind zwar noch immer ständige Schmerzen. Aber ich will sie tragen zu Jesu Verherrlichung. Ich kann nur sagen: »Lobe den Herrn!«

Noch immer bin ich halbseitig spastisch gelähmt, was anderen nicht gleich auffällt, ich sehr wohl aber spüre. Zwar kann ich nicht mehr Klavier und Gitarre spielen, aber ich habe in der Kirche wieder singen gelernt. Vor acht Jahren bat mich unser Pfarrer, für den Kindergottesdienst ein Bild zu malen, das den Hirtenjungen David und seine Brüder zeigt. So fing meine Illustration von biblischen Geschichten an. Über 200 große Bilder lagern inzwischen in der Kirche. Dieses Jahr gab es in der Kirche sogar eine Ausstellung davon.

Vom Pfarrer hörte ich, wie viel besser die Kinder nun bei den Geschichten zuhören und sie verstehen. Das sei ein großer Segen. Für mich selbst ist der Segen ungleich größer!

Wie viel Grund habe ich doch, dankbar zu sein! Schmerzen, Angst, Vergleichen, Kritik, das sind keine großen Probleme mehr für mich. Wenn die Schmerzen mich gelegentlich sehr plagen, breite ich sie vor Gott aus und blicke aufs Kreuz. Dort hat Jesus für mich diese ganzen Qualen ausgehalten.

Nein, heilig bin ich noch lange nicht. Manchmal bin ich noch unbeherrscht und laut. Einmal habe ich sogar in Wut ein Küchenmesser nach meinem Mann geworfen, das, Gott sei Dank, ihn nicht traf. Ich schäme mich sehr dafür. »Musst noch ein wenig üben«, war meines Mannes liebevoller Kommentar. Er selbst kann mit dem Glauben noch nicht so viel anfangen. Aber er umgibt mich voller Liebe und kocht sogar das Essen, damit ich mich der Malerei widmen kann. Ohne dass ihm das bewusst ist, ist er auf diese Weise ein Werkzeug Gottes für mich, und ich kann Gott immer wieder für ihn danken.

Anmerkung von Ruth Heil:
Vor vielen Jahren lernte ich Freya kennen. Da ihr Name auf eine heidnische Göttin zurückgeht, ließ ich sie wissen, dass ich sie viel lieber mit Phoebe ansprechen würde.

Phoebe ist eine Frau in der Bibel, die Gott von Herzen liebte. Seitdem ist aus Freya eine Phoebe geworden. Aus einer, die in Gottesferne lebte, wurde eine Frau, die jetzt Jesus Christus in sich trägt.

Im Jahre 2009 durfte ich in Laboe an der Ostsee in der evangelischen Kirche einen Vortrag halten. Welch eine Freude war es, dabei auch die Ausstellung von Phoebes Bildern anzuschauen und staunend zu sehen, welche wunderbare Begabung ihr Gott geschenkt hat.

Aus Psalm 31

Ich freue mich und bin fröhlich über deine Güte,
dass du mein Elend ansiehst
und nimmst dich meiner an in Not;
du stellst meine Füße auf weiten Raum.
Herr, sei mir gnädig, denn mir ist angst!
Mein Auge ist trübe geworden vor Gram,
matt meine Seele und mein Leib.
Ich aber, Herr, hoffe auf dich
und spreche: Du bist mein Gott!
Meine Zeit steht in deinen Händen.
Lass leuchten dein Antlitz über deinem Knecht;
hilf mir durch deine Güte.

Der Friede Gottes, der höher ist als alle Vernunft, bewahre eure Herzen und Sinne in Christus Jesus.
Philipper 4,7

Der Friede Gottes,
der stärker ist als alle Schmerzen,
höher als jedes menschliche Denken,
überwältigender als alle Angst,
die dich beherrschen will,
weiser als jede Idee, mit der du etwas lösen könntest,
liebevoller und barmherziger,
als es deiner Vorstellung möglich ist,

dieser Friede,
der eintreten kann, mitten im Krieg deiner Gefühle,
in Verzagtheit, Verzweiflung über die Vergangenheit,
Furcht vor der Zukunft,
brennenden Schmerzen, ausweglosen Situationen,
finanziellen Katastrophen, tief sitzender Bitterkeit,
Angst vor Krankheit und Tod,
vor Untersuchungen und dem Ausgang von
    Ereignissen,
die du nicht steuern kannst,

dieser Friede Gottes bewahre
dein Herz und deine Sinne,
umhülle deine ängstlichen
und verletzten Gefühle

und ebenso deine logischen Auseinandersetzungen
mit der Bemühung um Lösungen –
in Christus Jesus, unserem Herrn.

Diesem Herrn, der der Herr aller Herren ist,
ist gegeben alle Gewalt im Himmel und auf Erden.
Nichts geschieht, ohne dass ER sein Ja dazu gibt.
Selbst wenn wir jetzt nicht verstehn,
warum und wie er entscheidet.
Alles ist an ihm vorbeigegangen, bevor es zu
uns kommt.

Der Friede Gottes bewahre dein Vertrauen
in IHN.

Ruth Heil

Esther Möller
Mein Ungeborenes, aufgehoben in Gottes Hand

Seit vielen Jahren sind wir mit Esther und ihrer Familie befreundet. Oft verbringen wir die Ostertage miteinander im Nachdenken über den Leidensweg unseres Herrn Jesus und in der Freude seiner Auferstehung.

In dem Leid, das Esther erleben musste, durften wir für sie beten und miterleben, wie Gott tröstet.

Hier spricht Esther

Als ich heiratete, war für meinen Mann und mich klar, das wir gerne mehrere Kinder hätten. Ich wünschte mir mindestens vier.

Da ich in einer christlichen Gemeinde aufgewachsen bin, arbeitete ich schon früh im Kindergottesdienst mit. Ursprünglich wollte ich Erzieherin werden, da ich sehr gerne mit Kindern zusammen bin. Das konnte ich leider nicht verwirklichen. Umso mehr freute ich mich auf meine eigenen Kinder.

Die erste Schwangerschaft verlief gut, doch die Geburt war sehr schwer. Zum einen dauerte sie sehr lange, zum anderen kam es zu einigen Komplikationen. Durch den hohen Blutverlust war ich enorm geschwächt.

Sehr bald wurde ich wieder schwanger. Immer wieder hatte ich starke Durchblutungsstörungen. Im Krankenhaus wurde festgestellt, dass zwischen meinen Herzkammern ein Loch ist. Mir wurde gesagt, dass dadurch eine erhöhte Gefahr eines Schlaganfalls gegeben war. Deshalb musste ich blutverdünnende Medizin einnehmen. Trotz allem kam unser zweites Kind nach einer leichten, schnellen Geburt gesund zur Welt.

Einige Wochen nach der Geburt wurde ich auf ein anderes, ebenfalls blutverdünnendes Mittel umgestellt.

Es war etwa ein Jahr später, dass meine Periode ausblieb. Eine weitere Schwangerschaft war zu diesem Zeitpunkt von uns nicht geplant. Ein Grund dafür war, dass der Beipackzettel des Medikaments, das ich einnahm, darauf hinwies, dass es auf keinen Fall zu einer Schwangerschaft kommen sollte. Meine Hausärztin, die ich sofort aufsuchte, bestätigte dies. Bei Einnahme könne es zu schweren Missbildungen des Kindes kommen, die sich vor allem im Gesicht zeigten. Sie riet mir dringend zur Abtreibung. Ihre Worte waren: »Sie haben doch zwei gesunde Kinder, Frau Möller.«

In mir tobte ein Kampf. Die Vorstellung, ein missgebildetes, entstelltes Kind zu bekommen, war schrecklich. Doch eine Abtreibung kam für uns nicht infrage. Uns war bewusst, dass Gott der Herr ist über Leben und Tod und nicht wir. »Für mich ist das Mord«, erklärte ich der Ärztin unter Tränen. Sie war so bewegt, dass sie mit mir weinte.

In den folgenden Wochen hatte ich schreckliche Albträume und wachte des Nachts auf, von Angst geschüttelt. Mein Mann war zuversichtlich, dass alles gut werden würde. Er meinte: »Gott ist so groß, er kann unser Kind auch gesund zur Welt kommen lassen.«

Mein Frauenarzt, der auch Christ ist, machte mir immer wieder Mut, Gott zu vertrauen. Endlich fand ich innerlich zur Ruhe und konnte Gottes Weg mit mir und dem Kind annehmen. In der zehnten Woche ging ich zu einer weiteren Kontrolluntersuchung. Der Arzt stellte fest, dass das kleine Herz nicht mehr schlug. Mein Ungeborenes war ganz still in die Ewigkeit gegangen. Gott hatte es zu sich genommen.

Einerseits fühlte ich Erleichterung. Aber andererseits vermisste ich mein Kind sehr. Ich sage bewusst »Kind«, weil ich es wahrnahm als ein wirkliches Gegenüber, obwohl es noch so winzig war. Dieser kleine Mensch fehlte mir. Ich würde ihn nie kennenlernen dürfen, nie sein Lachen erleben, ihn nie seine ersten Schritte gehen sehen. Was mich tröstete, war die Gewissheit, dass unser Kind bei Gott gut aufgehoben war. Bei ihm war es gesund und heil. Und eines Tages würde ich es dort im Himmel sehen.

Das Medikament wollte ich von da an nicht mehr einnehmen. Die Angst, so etwas könnte sich wiederholen, war zu groß.

Die folgende Zeit war für uns als Familie nicht einfach. Mein Mann konnte beruflich nicht richtig Fuß fassen und war dadurch so entmutigt, dass er depressiv wurde. Wir mussten mehrmals umziehen und konnten dadurch auch keine wirklichen Freunde finden. Als mein Mann schließlich mit einer Umschulung begann und wir in die Nähe meiner Eltern zogen, schien es, als würde sich die Situation endlich verbessern.

Ich wurde erneut schwanger. Wir freuten uns alle riesig darüber. Dieses Mal ging zunächst alles bilderbuchmäßig. Doch bei einer Routineuntersuchung in der 16. Schwangerschaftswoche stellte die Frauenärztin fest, es sei irgendetwas nicht in Ordnung. Zu weiteren Untersuchungen musste ich ins Krankenhaus. Mein Herz war schrecklich verzagt. Sollte ich wieder eine Fehlgeburt haben? Ich schrie innerlich zu Gott: Herr, lass das nicht zu!

Doch im Krankenhaus wurden meine schlimmsten Befürchtungen bestätigt: Es gibt keine Lebenszeichen mehr. Da das Kind schon relativ groß war, musste ich es ganz normal, wie bei einer Geburt, zur Welt bringen. Am nächsten Tag hatte ich Termin. Diese Situation war für mich einfach schrecklich.

Nicht einmal meinen Mann konnte ich erreichen. Er war zu dieser Zeit in Kur. Wie dankbar war ich für meine Eltern, die unsere beiden Kinder solange liebevoll versorgten.

Mein Mann hatte gespürt, dass etwas nicht in Ordnung war. Als er versuchte, mich zu Hause zu erreichen, nahm niemand das Telefon ab. Deshalb rief er bei den

Eltern an, die ihm meine Nummer im Krankenhaus gaben. Wie tröstete es mich, seine Stimme zu hören, auch wenn er selbst nicht kommen konnte. Er versprach mir, fest für mich zu beten. Dann weinten wir miteinander um unser Kind.

In dieser Nacht fand ich nur wenig Schlaf. Ich versuchte, mein Kind in Gottes Hände zu legen und loszulassen. Am nächsten Morgen bekam ich ein Medikament zur Einleitung der Geburt. Ich befand mich im selben Kreißsaal, in dem unser erstes Kind zur Welt gekommen war. Eine freundliche Hebamme betreute mich. Sie war sehr feinfühlig und ich konnte mich allmählich entspannen.

Ein übernatürlicher Friede kam über mich. Es war, als würde ich von jemandem gestützt und getragen. Die Atmosphäre war fast heiter.

Als das Kind da war, nahm es die Hebamme, um es zu untersuchen. Sie sagte mir: »Das Kleine ist gestorben, weil sich die Nabelschnur um seinen Hals gewickelt hat.« Wie traurig machte mich das!

Liebevoll legte sie es auf ein Tuch, damit ich es anschauen konnte. Ich staunte. Es war kaum größer als meine Hand. Diese winzigen Zehen, die Fingerchen, der süße Mund! Ein kleiner Junge! Ich gab ihm den Namen Elias. Erst später erfuhr ich, dass der Name Elias heißt: Gott ist meine Stärke. Als die Hebamme das Kleine dann mitnahm, fiel mir das furchtbar schwer.

Ich schaute aus dem Fenster und sah, dass es verregnet und trüb war. Das erinnerte mich an den Bibelvers, der Tage zuvor in der Losung stand: »Ich hülle den Himmel in Trauer und Wolken.«

In den Wochen danach hatte ich wenig Zeit zum Nachdenken. Die Familie forderte mich. Ich hatte keine Möglichkeit zum Trauern.

Dann konnte ich eine Mutter-Kind-Kur antreten. Dort durfte ich eine Plattform für meine Trauer finden. Auf langen Spaziergängen konnte ich vor Gott meine Not ausbreiten. In therapeutischen Gesprächen fand ich für meine Gefühle Worte und durfte Gottes Trost annehmen. In dieser Zeit modellierte ich eine Tonfigur. Sie zeigt einen Vater, der ein kleines Kind in seinen Armen birgt. Diese Darstellung half mir, die Vorstellung zu verinnerlichen, mein Kind in den Armen Gottes zu wissen.

In den folgenden Jahren überfiel uns als Ehepaar immer wieder tiefe Trauer. Sie kam wellenartig. Oft stellten wir dann diese Figur vor uns und dachten an unsere beiden geliebten Kinder, die schon in der Ewigkeit sind.

Die Zeit verstrich, ohne dass ich wieder schwanger wurde. Immer wieder hatte ich hormonelle Störungen und gynäkologische Probleme. Immer wieder ermutigten uns Freunde: »Ihr bekommt bestimmt nochmals Kinder!« Aber solche Aussagen versuchte ich möglichst schnell zu verdrängen. Ich konnte und wollte mir keine weitere Schwangerschaft mehr vorstellen.

Im Herbst 2005 geschah es dann doch. Ich erwartete wieder ein Kind. Mein Mann und ich freuten uns riesig. Auch unsere beiden Kinder waren begeistert. Gemeinsam suchten wir nach Namen. Von Anfang an schenkte Gott mir eine starke Sicherheit, dass wir dieses Kind behalten dürften und alles gut gehen würde.

Diese Schwangerschaft verlief völlig unproblematisch. Am 4. August wurde dann in einer komplikationslosen Geburt unser David Jeremias geboren. Dieses Kind ist ein absoluter Sonnenschein für uns alle! Gott hat uns mit ihm richtig gesegnet. Unsre Großen sind einfach tolle Babysitter und ganz verrückt auf den kleinen Bruder.

Gott hat uns mit diesem Kind eine Zeit der Wiederherstellung und Freude geschenkt.

Wir preisen IHN von ganzem Herzen für seine Güte!

Befiehl du deine Wege und was dein Herze kränkt
der allertreusten Pflege des, der den Himmel lenkt.
Der Wolken, Luft und Winden gibt Wege,
    Lauf und Bahn,
der wird auch Wege finden, da dein Fuß gehen kann.

Dem Herren musst du trauen, wenn dir's soll
    wohlergehn;
auf sein Werk musst du schauen, wenn dein Werk
    soll bestehn.
Mit Sorgen und mit Grämen und mit selbsteigner Pein
lässt Gott sich gar nichts nehmen, es muss erbeten
    sein.

Hoff, o du arme Seele, hoff und sei unverzagt!
Gott wird dich aus der Höhle, da dich der Kummer
    plagt,
mit großen Gnaden rücken; erwarte nur die Zeit,
so wirst du schon erblicken die Sonn der schönsten
    Freud.

Mach End, o Herr, mach Ende mit aller unsrer Not;
stärk unsre Füß und Hände und lass bis in den Tod
uns allzeit deiner Pflege und Treu empfohlen sein,
so gehen unsre Wege gewiss zum Himmel ein.

Paul Gerhardt

Carola Schacht

Seit dem 23. Juli 2001 ist alles anders

Leben nach dem Mord an der Tochter

Vor einigen Jahren lernte ich Carola mit ihrem Mann bei einem Seminar kennen. Immer wieder begegneten wir uns und tauschten uns aus. Bis ich eines Tages eine schreckliche Nachricht von ihr bekam.

Carolas Leid, in Worte gefasst

Seit dem 23. Juli 2001 ist alles anders. Ich war auf dem Heimweg von meiner Arbeit im Krankenhaus. Als ich am Haus der Tochter vorbeikam, stand ihr Auto nicht da. Wahrscheinlich war sie mit ihrer Freundin schon unterwegs in den geplanten Urlaub.

Über Mobilfunk erreichte ich sie nicht. Als ich dann ihre Freundin am Telefon hatte, berichtete sie mir von einem geplanten Treffen zwischen Dorothee und ihrem ehemaligen Freund. Eigenartige Gefühle durchzuckten mich. Am Morgen hatte ich in den Nachrichten gehört, dass in der Nähe unseres Ortes eine brennende Leiche gefunden worden sei. Dass das mit uns etwas zu tun haben sollte, wäre mir nicht in den Sinn gekommen.

Zu Hause warteten mein Mann, unser Sohn Stephan und Doros Freundin auf mich. Mir stockte der Atem. Als die Kriminalpolizei eintraf, sollten wir zwei

Fingerringe identifizieren. Ich erkannte sie sofort. Sie gehörten meiner Tochter. Unser Entsetzen steigerte sich. Die Ungewissheit wich der Tatsache: Unsere Tochter ist tot.

Der ehemalige Freund hatte sie erwürgt und verbrannt.

Bilder liefen vor meinem inneren Auge ab: Unsere lebensfrohe Tochter, voller Energie, sprühend vor Lebensfreude, sie sollte tot sein? Ich konnte es nicht begreifen. Wie viel Schwung und immer neue Ideen hatte sie in unsere Familie gebracht! Ihr Lachen war umwerfend! Sie lebte so gerne und war eine starke Persönlichkeit. Diesen Ex-Freund hatte sie immer neu aufgebaut und ihm geholfen, seine Probleme zu bewältigen.

Unser Sohn verlor seine einzige Schwester, mein Mann und ich unsere einzige Tochter. Nie würde ich mich an ihren Erfolgen mitfreuen können, nie ihre Schmerzen teilen, sie nie im Brautkleid sehen oder ihre Kinder küssen …

Nie! Diese Endgültigkeit machte mich fertig.

Noch heute, wenn ich junge Frauen im Alter unserer Tochter sehe, die ihr ein wenig ähnlich sind, durchzuckt mich Schmerz.

Und auch das treibt mir bis heute die Tränen in die Augen: In meinem ersten Traum, den ich nach der Mitteilung über ihren Tod hatte, hörte ich sie rufen: »Helft mir doch!« Das rief sie immer wieder. Dieser Satz lässt mich bis heute nicht los.

Es bringt mich in Verzweiflung, dass ich ihr nicht helfen konnte in diesen furchtbaren Momenten des Sterbens. Ich war nicht an ihrer Seite, um ihr wenigstens die Hand zu halten oder sie zu trösten. Ich war nicht anwesend, um mich mit ihr oder für sie wehren zu können!

Ich hatte das Gefühl, sie in der schwersten Stunde allein gelassen zu haben. Und ich fühlte mich in dieser entsetzlichen Hilflosigkeit selbst als Opfer, verlassen von Gott.

In Gesprächen mit Menschen, denen ich vertraue, und mit einer Psychotherapeutin habe ich versucht, den Schmerz zu verarbeiten. Das gelingt bis heute nur unvollkommen. Anfangs war es besonders schwer, weil ich nicht begreifen konnte, wie Gott solch ein schreckliches Verbrechen zulassen konnte. Ich haderte mit ihm. Mein Vertrauen in ihn als einen Gott, der ein guter Vater ist, war zerbrochen.

Trotzdem spürte ich, dass ich jetzt ohne ihn vollkommen verloren war und keinen Halt mehr hatte. Ich brauchte ihn in diesem schrecklichen Schmerz mehr als je zuvor. Jedes Mal, wenn ich in der Bibel las oder lese, schöpfe ich Kraft. Wichtig wurden mir Bibelverse, die ich zuvor schon kannte, aber jetzt im Innern festhalten konnte wie einen Schild gegen die zerstörende Kraft der Dunkelheit: »Seid nicht bekümmert, denn die Freude am Herrn ist eure Stärke.« (Nehemia 8,10) In einer anderen Übersetzung steht statt Stärke das Wort Schutz. Ich kann selbst nicht verstehen, was mich dabei so tröstete. Aber ich spürte, wie ich bei schweren, inneren Kämpfen immer wieder Ruhe fand.

Nur mit der Hilfe und Nähe Gottes war es mir möglich, dem jungen Mann, der unsere Tochter umgebracht hat, zu schreiben. Ich bekam sogar Kraft, ihn später im Gefängnis zu besuchen. Es macht mich so dankbar, dass ich nicht mit Rachegedanken kämpfen muss. Gott hat darin mein Gebet erhört.

Nein, Glaube ist kein Narkotikum, das alle dunklen Gefühle betäubt. Glaube spiegelt nicht vor: So schlimm war es doch nicht. Es ist sehr viel mehr als das Wissen: Der Schmerz ist da – aber Jesus Christus ist auch da. Er geht mit mir durch diesen Schmerz. Er kennt ihn. Er fühlt mit mir.

Warum er das alles zugelassen hat, weiß ich nicht. Ich werde es hier auf der Erde auch nicht verstehen. Aber eines weiß ich: Meine Tochter ist bei Jesus. Sie hat mit ihm gelebt und ihn als ihren Herrn angenommen. Und er hat in der Bibel versprochen, sie im Leben und im Tod nicht zu verlassen. Sie ist gut aufgehoben, während ich hier dieses Leben noch bestehen muss. Dorothee ist angekommen. Und an diesem Ort, dem Himmel, werde ich sie wiedersehen, ohne Tränen, ohne Schmerz, in unendlicher Freude.

Auch als Christen widerfahren uns Leid, Traurigkeit, Verlust und Schmerz. Es ist nicht so, als könnte man einfach sagen: Ich bin Christ. Also hab ich keine Probleme. Das verkrafte ich.

Menschen, die wenig Leid erfahren haben, sind selten gute Tröster. Ihre Ratschläge können sogar wehtun. Zum Beispiel: Du hast jetzt genug getrauert. Freu dich jetzt einfach, dass deine Tochter schon im Himmel ist. Oder: Es ist so viele Jahre her. Das reicht jetzt. Freu dich doch!

Ich denke, dass jeder Mensch seine eigene Art hat, Trauer zu verarbeiten. Trauer bringt immer wieder andere Arten von Trauer hervor.

Das sehe ich auch in unserer Familie. Manchmal trauert man aneinander vorbei, weil jeder seinen eigenen Trauerraum braucht und sich dabei vom anderen nicht immer verstanden fühlt. Trauer kann eine Familie völlig auseinanderreißen, obwohl sie gerade dann einander bräuchte.

Ein Bibelwort, das Jesus gesagt hat, wurde uns als Familie zum Trost: »In der Welt habt ihr Angst, aber seid getrost, ich habe die Welt überwunden.« (Johannes 16,33)

Sieben Jahre sind seither vergangen. Sieben Jahre des Trauerns. Meine Gedanken und Empfindungen haben sich verändert, immer wieder neu, immer wieder anders. Es scheint ein lebenslanger Prozess zu sein.

Mir ist klar geworden, dass der größte Schmerz für mich im Leiden darin liegt, dass man letztlich allein damit ist. Und das, obwohl es ein paar Menschen gibt, die an meinem Schmerz teilnehmen. Die Einsamkeit im Schmerz ist für mich das Schwerste. Und darin enthalten ist das Gefühl, auch von Gott verlassen zu sein, der ja eigentlich mein bester Freund ist. Dazu kommt das Nicht-verstehen-Können, warum er das zugelassen hat.

Ich lebe heute oft noch in einer anderen Welt. Mein Inneres vermittelt mir immer neu, hilfloses und schuldloses Opfer zu sein. Verbittert bin ich nicht. Im Gegenteil, ich hatte nach diesem schweren Erleben ein tiefes Bedürfnis, anderen Menschen zu helfen. Das ersetzte sicher nicht meinen Verlust. Aber es lenkte mich von meinem eigenen Leid ab.

Nein, es gibt keine falsche oder richtige Trauer. Trauer ist Trauer und schmerzt furchtbar. Die Zeit heilt nicht alle Wunden. Manchmal dringt aber im Laufe der Zeit ein kurzer Lichtstrahl durch. Das sind Momente, in denen Gott mir ganz nah kommt, wo ich Geborgenheit spüre, mitten in allem Schweren.

Dieses furchtbare Geschehen hat mein Leben und mich verändert. Ich muss wieder leben lernen, auf das Leben nach vorne schauen, nicht immer zurück auf den Tod. Ich will nicht in der Rolle des Opfers hängen bleiben und dabei aufhören zu leben.

Ich werde aufhören, mit dem Tod zu leben, und lernen, mit dem Leben zu leben, solange ich noch lebe. Ich werde lernen müssen, mich nicht weiter nur auf meinen Schmerz zu konzentrieren, während meine Tochter im Himmel tanzt!

Ich will mich freuen auf den Moment, wenn wir miteinander dort feiern werden – für immer. »Wann treffen wir uns wieder?«, das sagen Menschen, die sich lieben, in der Vorfreude des Wiedersehens. Und das flüstere ich meiner Tochter zu, wenn ich an sie denke.

Psalm – Angstschrei

Es ist schwer, furchtbar schwer.
Aber Herr, ich weiß, ohne dich wäre es nicht zum
Aushalten …

Der Angstschrei der Seele erhob sich zu Gott:
Herr, nimm du den Schmerz!

Es hörte der Herr diesen Schrei und sprach:
Soll ich nehmen den Schmerz
und mit ihm der Seele Bewährung und Kraft,
das standhafte Herz?

Soll ich nehmen das Mitleid, das Herzen
verknüpft und Opferbegier?

Wollt ihr nicht mehr die Helden,
die im Feuer den Blick erheben zu mir?

Soll ich nehmen die Liebe, die teuer erkauft,
wie hoch auch der Preis?

Könnt ihr wirklich entbehren auf dem Weg hin
zu mir den Christus am Kreuz?

Autor unbekannt

Der den Schmerz in deinem Leben zuließ,
der trägt mit dir auch das Untragbare,
das über deine Kraft geht.
Sprich zu deiner Seele:
Ich will zulassen, dass Gott mich tröstet.
Ich sage zu mir selbst: Schmerz, lass nach!
Gott wird mich nicht verlassen,
auch jetzt nicht.

Ruth Heil

So nimm denn meine Hände

So nimm denn meine Hände und führe mich
bis an mein selig Ende und ewiglich.
Ich mag allein nicht gehen, nicht einen Schritt.
Wo du wirst gehn und stehen, da nimm mich mit.

In dein Erbarmen hülle mein schwaches Herz
und mach es gänzlich stille in Freud und Schmerz.
Lass ruhn zu deinen Füßen dein armes Kind,
es will die Augen schließen und glauben blind.

Wenn ich auch gleich nichts fühle von deiner Macht,
du führst mich doch zum Ziele, auch durch die Nacht.
So nimm denn meine Hände und führe mich
bis an mein selig Ende und ewiglich!

Julie Hausmann

Lothar und Dorothea Dehn

Mein Leben ist Gnade – Wunder in Zeiten der Krankheit

Als ich Lothar und Dorothea kennenlernte, entdeckte ich, dass uns zwei Dinge besonders auf dem Herzen brannten und verbanden: ein Herz zu haben sowohl für geborene als auch ungeborene Kinder.

Praktisch heißt das: mich persönlich zu freuen über jedes Kind, das man zur Welt bringen darf, und es als besonderen Segen Gottes zu sehen – und anderen Müttern Mut zu machen, Ja zu sagen zu ihrer Mutterschaft.

Im nachfolgenden Bericht erzählt Dorothea aus ihrem Leben.

Am 10. Juli 1969 wurde ich in Prenzlau geboren.

Mit meinen Eltern und dem ein Jahr jüngeren Bruder Johannes verbrachte ich eine glückliche Zeit in Ost-Berlin und in Waldesruh am Rande von Berlin. Als ich acht Jahre alt war, starb mein Vater mit 42 Jahren an Krebs. Es hinterließ in mir die Erinnerung an eine behütete Zeit, die mit ihm zu Ende ging. Unser Haus war zu diesem Zeitpunkt im Umbau begriffen. Mit dem Schmerz des Verlustes des Vaters mussten wir nun gleichzeitig sehen, dass das Haus wieder bewohnbar wurde. Ich machte mich als Helferin am Bau nützlich. Bei dieser Tätigkeit begann ich davon zu träumen, später einmal für meine eigene Familie auch ein Haus zu bauen.

Leider erkrankte mein Bruder kurze Zeit später an derselben Krankheit, an der mein Vater gestorben war. Für uns alle war das ein furchtbarer Schmerz. Und für meine Mutter bedeutete dies, viele Male ins Krankenhaus, die Charité, zu fahren. Die unbeschwerte Zeit meiner Kindheit war nun endgültig zu Ende.

Nach dem Abschluss der 10. Klasse begann ich die Ausbildung zur Krankenschwester im Evangelischen Krankenhaus »Königin Elisabeth« in Berlin. Während eines Praktikums in den Hoffnungstaler Anstalten in Lobetal lernte ich meinen späteren Mann Lothar Dehn kennen. Er befand sich gerade in seiner zweiten Ausbildung zum Krankenpfleger. Interessanterweise war unsere erste große Gemeinsamkeit die Liebe zum Paulus-Oratorium von Siegfried Fietz, das uns immer wieder im Laufe des Lebens begegnete.

Unsere Verlobung an Weihnachten 1988 und Heirat im August 1989 folgten. Danach kamen unsere ersten zwei Kinder noch während der Ausbildung zur Welt. Jonathan wurde im Mai 1990 geboren. Welch eine starke Erfahrung war die Geburt! Und welch tiefe Freude brachte dieses Kind mit sich!

Sechs Monate nach Jonathans Geburt stand es fest: Ich musste mich einer gynäkologischen Operation unterziehen. »Seien Sie froh über Ihr Kind, denn weitere werden Sie nicht bekommen können«, informierte uns der Chefarzt. Welch niederschmetternde Mitteilung!

Stillend fuhr ich zu den Prüfungen und schloss meine Ausbildung mit dem Examen ab. Gott gab viel Gnade.

Kurz nach meinem Examen im April 1992 ließ GOTT alle sehen, dass ER anders handeln kann, als Ärzte es voraussagen. Ich wurde schwanger, und zu unserer großen Freude kam Nathanael zur Welt.

Traurige Erfahrungen machten wir in unserem Beruf im gynäkologischen Operationssaal. Mein Mann Lothar und ich erlebten mit, wie Frauen nach Abtreibungen bitterlich weinten. Hilflos standen wir diesem Geschehen gegenüber. Doch wir fingen inständig zu beten an: »HERR, zeig uns, wie wir solchen Frauen helfen können!« Kurze Zeit später lernten wir Hannelore kennen, eine Mitarbeiterin von KALEB e.V. Die Buchstaben des Wortes bedeuten: Kooperative Arbeit, Leben Ehrfürchtig Bewahren. Dieser Arbeit schlossen wir uns an. Sehr schnell kam die Mitarbeit im Vorstand, 1993 wurde ich stellvertretende Vorsitzende, später, 2002, erste Vorsitzende.

Im August 1994 kam unser Christopher zur Welt, im Juni 1996 schenkte Gott uns unseren Tobias.

Noch im selben Monat wurde entdeckt, dass auch ich die Erkrankung »Multiple Endokrine Neoplasie Typ I« meines Vaters vererbt bekommen hatte.

1998 folgten Tumoroperationen an den Nebenschildrüsen und der Hypophyse. Wunderbarerweise waren diese Tumoren gutartig. Viele Menschen beteten für uns. Das war unsere stärkste Kraftquelle. Pro-Life Christen aus Israel standen für uns vor Gott. Sie erkundigten sich immer wieder und freuten sich mit, als alles gut ging. Viele andere schalteten sich im Gebet mit ein. Das erklärte uns die ungewöhnlich schnelle Wundheilung nach jeder Operation.

Auch dieses Mal wurde uns mitgeteilt, dass wir davon ausgehen müssten, keine Kinder mehr zu bekommen.

Doch wieder erlebten wir Gottes wunderbare Gnade, die die Prognose der Ärzte widerlegte. Im August 2000 erblickte unser Konstantin das Licht der Welt.

2002 zeigte sich leider die Krankheit wieder. Eine schwere Operation an der Leber stand bevor, bei der eine Metastase, möglicherweise der Primärtumor, entfernt werden sollte.

Am 20. September war die Einweisung ins Krankenhaus. Im Vorfeld musste ich mich vielen Untersuchungen unterziehen. Am 7. Oktober war dann die OP geplant.

Die nachfolgenden Untersuchungen bestätigten die Vermutung, dass der Tumor bösartig war.

Nun sollte aber am 6. Oktober das KALEB-Seminar in Woltersdorf beginnen. Eigentlich war es meine Aufgabe, das Seminar zu eröffnen. Lothar und ich fragten im Krankenhaus vorsichtig nach, ob wir einen kleinen Spaziergang auch außerhalb des Klinikgeländes unternehmen dürften. Eine mutige Ärztin erlaubte es uns.

An diesem Sonntag hatte die Woche mit dem Wochenspruch aus Jeremia 17,14 begonnen: »Heile DU mich, HERR, so werde ich heil; hilf DU mir, so ist mir geholfen.« Die Tageslosung forderte uns auf: »Befiehl dem HERRN deine Wege und hoffe auf IHN, ER wird's wohl machen.« (Psalm 37,5)

Welch ein Trost sprach zu uns aus diesen Zusagen Gottes. Der Beginn dieses Seminars wird uns allen in Erinnerung bleiben!

In der langen Krankheitszeit erreichten mich viele Anrufe, unter anderem auch von Jörg Swoboda, der folgende Zeilen für mich sang:

Mit Absicht hast DU mich zum Menschen geschaffen,
ich bin nicht rein zufällig hier,
kein einsames Staubkorn im eisigen Weltall.
Für immer gehör ich zu DIR.

Persönlich hast DU mich beim Namen gerufen,
so lieb wie ein Vater sein Kind.
Ich lernte bei DIR meinen Wert zu begreifen,
weil Leben durch Liebe beginnt.

DU hast mich begabt mit Talenten und Kräften,
beschenkt nicht für mich nur allein.
DU gabst meinem Leben die hohe Berufung,
ein Segen für andere zu sein.

Ich habe DEIN Wort, denn DU hast mir versprochen,
dass mich keine Macht von DIR trennt.
Und neu wirst DU Himmel und Erde erschaffen,
wo Freude kein Ende mehr kennt.

Welch eine Ermutigung und welcher Trost sprachen
für mich aus diesem Lied!

Und wer hätte für möglich gehalten, dass GOTT
nach ernüchternden Prognosen, was meine Lebenszeit
angeht, uns so viele Jahre schenken würde!

Und wieder wurde uns angekündigt, dass es nun
mit dem Kinderkriegen endgültig zu Ende sei.

Aber welch ein Gott, der uns drei Tage vor Weihnachten 2004 unser erstes Mädchen Anna-Leticia
schenkte! Und damit nicht genug. Im April 2008 be-
schenkte uns Gott noch einmal, als Marie-Elisabeth
geboren wurde. Ob Gott über die verdutzten Gesichter
der Ärzte schmunzelte?

Gottes Geschichte mit uns ist noch nicht zu Ende.

Denn eines weiß ich sicher: ER ist größer als alle
Ängste und alle Not.

Mit zwei Zeilen des oben erwähnten Paulus-Ora-
toriums möchte ich schließen:

Es sind Worte des Apostels Paulus aus 2. Korinther 12,9: »Lass dir an meiner Gnade genügen, denn meine Kraft ist in den Schwachen mächtig.«

Welch eine trostvolle Erfahrung, die mitten im Alltag trägt!

Mein Leben ist Gnade, das habe ich erfahren. Diese Gewissheit wünsche ich von Herzen jedem, der diese Zeilen liest.

Psalm 23

Der Herr ist mein Hirte,
mir wird nichts mangeln.
Er weidet mich auf einer grünen Aue
und führet mich zum frischen Wasser.
Er erquicket meine Seele.
Er führet mich auf rechter Straße
um seines Namens willen.
Und ob ich schon wanderte im finstern Tal,
fürchte ich kein Unglück;
denn du bist bei mir,
dein Stecken und Stab trösten mich.
Du bereitest vor mir einen Tisch
im Angesicht meiner Feinde.
Du salbest mein Haupt mit Öl
und schenkest mir voll ein.
Gutes und Barmherzigkeit
werden mir folgen mein Leben lang,
und ich werde bleiben
im Hause des Herrn immerdar.

Rafaels Eltern
Denn du bist bei mir, trotzdem ...

Wir lernten diese lieben Menschen bei einem Eheseminar kennen. Nach einem Missionseinsatz lebten sie jetzt wieder in Deutschland. Trotz weniger Kontakte fühlten wir uns mit ihnen besonders verbunden. Dann kam dieser traurige Anruf ...

Hier berichten sie:
Vier Jahre Afrika, Senegal. Mit großer Freude setzten wir uns für Gott ein. Inzwischen hatten wir vier lebhafte Kinder. Als Mutter bangte ich immer wieder um ihr Leben in diesem Land, in dem wir nicht so schnell bei ernsten Erkrankungen Hilfe herbeiholen konnten.

Voller Dankbarkeit blickten wir danach auf diese Zeit zurück, wo wir Gott auf wunderbare Weise erfahren hatten.

Nun waren wir wieder in Deutschland. Der ganz normale Alltag nahm seinen Lauf.

Sonntagabends kam unser Zweitältester, Rafael, 18 Jahre, dankbar und glücklich von einem Ausbildungscamp der Pfadfinder (Royal Rangers) zurück. Ich wollte gerne wissen, was er erlebt hatte. »Ach, Mama«, meinte er, »ich bin schrecklich müde. Morgen nach der Schule werd ich dir alles erzählen.«

Am Montagmorgen hörten wir, wie er sich für die

Schule fertig machte. Als mein Mann später die Zeitung hereinholte, sah er, dass Rafis Fahrrad nicht mehr am Platz stand. Da wussten wir, dass er unterwegs zum Bahnhof war. Er fuhr immer mit dem Zug zur Berufsschule.

Was sich dann ereignete, wurde mir von anderen berichtet:

Rafael ging zum Fahrkartenautomat, um seine Karte zu lösen. Dieser war jedoch defekt. Da er aber ohne Fahrkarte nicht fahren wollte, sauste er über die Fußgängerbrücke, da auf der anderen Seite des Bahnhofs ein weiterer Automat stand. Er löste seine Fahrkarte und musste bemerkt haben, dass sein Zug einfuhr. Rafael war dann wohl klar, dass es zeitlich unmöglich war, auf demselben Weg seinen Zug zu erreichen. So begab er sich auf die Gleise, um die Bahnanlage zu überqueren. Im Bestreben, seinen Zug noch zu bekommen, beachtete er nicht den anrollenden Güterzug. Der erfasste ihn und schleifte ihn mit sich …

Dann hörten wir die schlimmste Nachricht, die es für Eltern geben kann: Rafael ist tot.

Man riet uns, unser Kind nicht mehr anzuschauen. Der schreckliche Unfall hatte ihn völlig entstellt. Aber die Vorstellung, ihn nicht noch einmal zu sehen, mich nicht von ihm verabschieden zu können, brach mir als Mutter das Herz. Wir hatten leider in diesem Moment keine Kraft, uns gegen diese Ratschläge zu wehren. Heute würde ich anders handeln. Ich wollte wenigstens noch eine Hand oder einen Fuß von meinem Kind sehen und berühren dürfen.

Unsere ganze Familie war nach seinem Tod wie erstarrt.

Gott hatte uns die ganzen Jahre in Afrika so wunderbar bewahrt. Und dann kam hier in Deutschland unser Junge ums Leben durch etwas, das gar nicht hätte passieren müssen. Es war letztlich ein Zusammenspiel widriger Umstände: ein defekter Automat, ein genau zu diesem Zeitpunkt anrollender Güterzug, Zeitnot …

»Warum war gerade an diesem Morgen der Automat defekt? Warum kam genau in diesem Moment der Güterzug? Warum sah unser Sohn nicht rechtzeitig den herannahenden Zug? Warum hatte Gott das Unglück nicht verhindert? Warum?« Diese Fragen quälten uns fast ununterbrochen.

Am zweiten Tag nach dem schrecklichen Ereignis standen wir am Bahnhof an der Unfallstelle. Ich war wie betäubt. Plötzlich lief der Unfall wie ein Film vor meinen Augen ab. Ich sah, wie Rafi über die Gleise eilte und vom Zug erfasst wurde. Dann konnte ich beobachten, wie sein Körper unter den Zug gedrückt und hin- und hergeschleudert wurde. Ich hörte, wie der Zug stark bremste, aber nicht gleich zum Stehen kam. Während Rafis Körper noch unter dem Zug lag, entdeckte ich, wie er plötzlich, so wie wir ihn kannten, heraustrat und neben dem Zug stand. Am Rand der

Gleise wartete eine Gestalt, die einem Menschen ähnlich sah, aber kein Mensch war. Diese streckte ihm die Hand hin und sagte: »Dir sind deine Sünden vergeben. Komm!« Und Rafi ging mit.

Einige Tage später saßen mein Mann und ich im Wohnzimmer. Wir hörten uns eine Trauer-CD an (»Alle Not wird vergessen sein«). Dabei weinten wir beide und waren unendlich traurig. Gerade wurde das Lied vom wunderbaren Hirten gesungen:

> Du bist ein wunderbarer Hirt,
> der mich zum frischen Wasser führt.
> Du hast so reich gedeckt
> des Königs Tisch für mich.
>
> Du bist mein Stecken und mein Stab.
> Und wandre ich im finstern Tal,
> fürcht ich kein Unheil mehr,
> denn du bist hier bei mir.
> Ich komm, ich komm an deinen Tisch.
> Ich komm, ich komm und bin gewiss,
> du bist mein wunderbarer Hirt.
>
> Du hast mein Haupt gesalbt mit Öl,
> den Becher bis zum Rand gefüllt.
> An deiner Hand wird meine Seele still.

Lothar Kosse

Während wir noch dem Lied lauschten und unsere Tränen liefen, sah ich Rafi plötzlich über unseren Balkon gehen. Eigenartig ist, dass es mich überhaupt nicht wunderte. Er hatte seine besten Kleider an. Zwei Wochen zuvor hatte er sie gekauft, da er auf eine Hochzeit eingeladen worden war. Seine neue Hose, sein Hemd, seine Krawatte standen ihm ausgezeichnet. Er sah richtig gut aus! In diesen Kleidern sah ich ihn über unseren Balkon gehen. Er schritt über den Balkon hinaus, als sei dort ein Weg. Rafi schritt zielgerichtet darauf nach oben. Am Ende des Weges, einfach in der Luft, erblickte ich einen reich gedeckten Tisch mit köstlichen Speisen. Rafi ging jetzt direkt darauf zu. Ich rief ihm zu: »Rafi, Rafi, dreh dich um! Schau mich an!« Aber es war, als hätte er mich gar nicht wahrgenommen. Er blickte nicht zurück. Obwohl ich sein Gesicht nicht im Blick hatte, bemerkte ich, dass er von großer Freude erfüllt war und strahlte. Danach verschwanden die Bilder wieder vor meinen Augen. Sie hatten für Momente so real gewirkt.

Das Leben geht weiter. Jeder Tag muss neu bewältigt werden. Dieses Geschehen hat uns tief erschüttert und unser Leben komplett auf den Kopf gestellt. Dabei ist auch unser Vertrauen auf Gott ins Wanken geraten.

Wir werden noch viele Schritte gehen müssen, um wieder zu begreifen:

Gott meint es trotz allem Unverstehbaren und Schweren gut mit uns.

Ein Lied ist uns als Ehepaar besonders wichtig geworden:

Du hast uns nicht verwöhnt mit Leichtigkeit,
kein roter Teppich lag für uns bereit.
Ein schwerer Kelch will erst einmal getrunken sein.
Auch deine Kinder wandern durch das Tal,
auch ihre Feinde sind von großer Zahl.
Auch deine Kinder hört man weinend zu dir schrein:
Mein Herz, es kommt noch nicht hinterher,
deine Wege, sie sind zu schwer für mich –
ich versteh dich nicht!

Dennoch bleib ich stets an dir,
ich häng an dir,
ich bleib dir treu, so wie du mir.
Mein Leben lege ich in deine Hand.
Ja, ich bleibe stets an dir.
Wie groß die Not
auch in mir sei, du bist mein Gott!
Mein Fels, bei dem ich Ruh und Frieden fand,
ich bleibe bei dir – ich häng an dir.

Sie sagen: »Hilf dir selbst, dann hilft dir Gott!«
Ich hör ihr Zweifeln, Reden, voller Spott:
»Was für ein Töpfer, der den eignen Krug zerbricht!«
Und wie die Flut niemals zu halten ist,
so reißen Schmerz und Fragen alles mit:

Was war? Was ist, was kommt? Wann seh ich wieder
  Licht?

Mein Herz, es kommt noch nicht hinterher,
deine Wege, sie sind zu schwer für mich –
ich versteh dich nicht!

Dennoch bleib ich stets an dir ...

Thea Eichholz-Müller

Was hat uns geholfen, mit dem Schmerz umzugehen?
Es waren Menschen, die uns besuchten und einfach
schweigend bei uns saßen, um uns zu zeigen, dass sie
mit uns litten. Andere sprachen uns Trost zu, ohne
uns mit Bibelversen zu erschlagen oder uns Anweisungen zu geben, wie wir als Christen dieses Leid zu
verarbeiten hätten. Freunde nahmen sich Zeit, besuchten uns und hörten unserem Schmerz zu.

Am meisten half uns, dass wir mit unserem ganzen
Leid zu Jesus gehen durften, ohne irgendein Theater
spielen zu müssen. Wir lernten Gott wie einen richtigen
Vater kennen, bei dem man weinen, schreien, klagen
und schweigen kann. Und wir spürten, dass ER da ist,
um uns genau dort abzuholen und zu verstehen, wo
wir uns gerade befanden.

Außerdem entdeckten wir, dass die Gebete der anderen uns trugen. Als im Laufe der Monate weniger

Menschen für uns beteten, merkten wir auch das sehr deutlich. Eine viel größere Traurigkeit legte sich wieder auf uns.

Seit dem Unfall sind ungefähr zwei Jahre vergangen. An manchen Tagen haben wir den Eindruck, es wäre erst gestern gewesen. An anderen kommen wir besser damit zurecht. Nach 18 Jahren gemeinsamen Lebens sein Kind so plötzlich zu verlieren, ist nicht zu verkraften. Es bringt alles durcheinander, was einem sicher schien. Nichts ist mehr so, wie es vorher war. Ein Stück unseres Herzens ist herausgerissen. Damit müssen wir lernen zu leben.

Unsere Hoffnung ist, dass Gott in uns Eltern und in unseren Kindern neu das Vertrauen wachsen lässt, dass er trotzdem da ist. Und das, auch wenn wir noch nichts davon fühlen.

Aus Psalm 31

Herr, auf dich traue ich.
Lass mich nimmermehr zuschanden werden.
Errette mich durch deine Gerechtigkeit!
Neige deine Ohren zu mir, hilf mir eilends!
Sei mir ein starker Fels und eine Burg, dass du mir
    helfest!
Denn du bist mein Fels und meine Burg,
und um deines Namens willen wollest du mich leiten
    und führen.
In deine Hände befehle ich meinen Geist.
Du hast mich erlöst, Herr, du treuer Gott.

Und dennoch bist du da …

Und dennoch bist du da, wenn auch der Morgen
mit trübem Licht vom Horizont sich hebt
und alles, was in meiner Seele lebt,
am Ufer ringt, im Meere meiner Sorgen.

Wenn statt des Lichts die Schatten mich umkreisen,
und Einsamkeit im Wirbelsturm der Angst,
weil du mich in der Tiefe dort verlangst,
ist alles »Nein!«, was du mir einst verheißen.

Auch wenn der Schrei mir auf den Lippen stirbt,
»Gott-Vater« – und kein Echo zu mir dringt,
im leeren Raum kein Wesen mit mir schwingt
an einem Ort, wo alles nur verdirbt,

so bist du dennoch, dennoch mir so nah,
obschon den Urgewalten preisgegeben.
Denn in den Todeszellen pocht dein Leben,
und Ostern wird nach jedem Golgatha.

Ludwig Katzenmaier

Michael Katzenmaier

Und doch wachte der Herr!

Zwei meiner Neffen, Michael und Daniel, gehören einer christlichen Pfadfindergruppe an. Gleich nach dem Abi wollten Michael, Daniel und einige andere junge Menschen in Rumänien einen Hilfseinsatz starten. Die Idee war, als Christen auch praktisch tätig zu werden und nicht nur über Nächstenliebe zu reden.

Hier kommt jetzt Michael zu Wort

»Denn des Herrn Augen schweifen über die ganze Erde, damit er sich stark erweise für die, deren Herz ihm ungeteilt gehört.« (2. Chronik 16,9)

Royal Rangers sind christliche Pfadfinder. Sie werden in verschiedene Stämme unterteilt. Unser Stammleiter Konrad, von uns Kunnar genannt, hatte Kontakte zu Hilfswerken in Rumänien. Einer der Heimleiter dort war ein Deutscher namens Michael. Es entstand die Idee, mit einigen Rangern dorthin zu fahren, ein paar Hilfsgüter mitzunehmen und vor Ort mit anzupacken, wo auch immer es gerade nötig war.

Wie sich später herausstellte, war dieses spezielle Kinderheim am meisten in Schwierigkeiten. Ein Bad stand komplett unter Wasser. Es gab keine Mittel zur Reparatur. Und manchmal waren nicht einmal genug Nahrungsmittel vorhanden, um alle Kinder satt zu machen.

Daniel Katzenmaier, Josua Göttel, Lukas Wagner, unser Stammleiter Konrad Kissel und ich, Michael, gehören zum Stamm Pirmasens. Von unserer Idee begeistert, schlossen sich weitere Royal Rangers an: Verena aus Landau, Monia aus Rheinfelden, Robert und Andreas aus Karlsruhe.

Vor der Reise hatten wir Kuscheltiere, Spielsachen und Kleider gesammelt. In erster Linie aber waren wir um Schuhe gebeten worden. Auch Lebensmittel hatten wir eingekauft. Viele andere hatten sich mit Geldspenden beteiligt, um vor Ort notwendige Dinge kaufen zu können.

Mit zwei Bussen ging es los. Da unser VW-Bus das schnellere Fahrzeug war, fuhren wir hinter dem anderen Auto her.

In Rumänien angekommen, freuten sich die Kinder riesig über alles, was wir mitgebracht hatten. Wir packten dann bei den Arbeiten mit an, so gut wir konnten und führten einige Renovierungsarbeiten durch. Es war allerdings nicht so anstrengend, wie wir uns vorgestellt hatten.

Dafür waren wir sehr dankbar. Denn viele von uns bekamen Magen-Darm-Probleme, die unsere Arbeitskraft schwächten.

Nun waren wir auf dem Heimweg.

Da wir verschiedenen Einladungen nachgingen, verspätete sich unsere Abfahrt zusehends. Zuletzt besuchten wir noch eine Familie, die uns zum Abendessen eingeladen hatten. So wurde es später, als wir uns vorgenommen hatten. Es war etwa 20 Uhr, als wir uns endlich auf den Weg machten. Der Transporter fuhr wieder vor uns her, wie schon auf dem Hinweg. Es war eine Superstimmung im Auto. Wir hatten super Gespräche, sangen und waren einfach gut drauf.

Allmählich wurde es ruhiger im Auto. Einige waren eingeschlafen. Nach dem Fahrerwechsel schlief auch ich ein. Nach etwa dreieinhalb Stunden wurde ich wach, als Robert, der zweite Fahrer, die Wagentür öffnete. Er war auch müde geworden und wollte abgelöst werden. Ich fand das ganz in Ordnung. Wenn er müde war, war ich wieder an der Reihe mit Fahren. Ich überlegte nicht lange und setzte mich ans Steuer. Die Leute vom anderen Fahrzeug meinten, wir könnten ja eine Pause einlegen. Aber dann fuhren wir doch weiter. Inzwischen waren wir über die Grenze von Rumänien in Ungarn angekommen. Ich war sehr müde und suchte im Radio nach fetziger Musik, fand aber nichts. Eigentlich hätte ich auf dem Seitenstreifen halten können, nachdem ich dem Vorderwagen mit der Lichthupe ein Zeichen gegeben hätte. Aber irgendwie waren auch meine Gedanken eingeschlafen. Und kurze Zeit später schlief ich tatsächlich ein …

Vielleicht war es nur der Bruchteil einer Sekunde. Aber als ich die Augen aufriss, war ich viel zu weit rechts auf der Fahrbahn, oder sogar außerhalb davon. Doch ich schaffte es nur noch bis zum Geländer der vor uns liegenden Brücke. Mit voller Fahrt fuhr ich auf den Betonsockel der Brücke auf. Mein Lenkmanöver bewirkte nichts, denn die Räder hingen in der Luft. Ich dachte: »Jetzt ist alles aus.« Auf etwa 25 Metern stoppte unser Bus von 90 Stundenkilometern auf Null. Beim Crash ins Geländer geschah es dann wohl auch, dass das linke Schienbein meines Bruders, der als Beifahrer neben mir saß, brach. Es war ein offener Bruch. Da wir rechtslastig zum Stehen gekommen waren, drehten wir uns um das Gestänge, das sich in den Bus gebohrt hatte und stürzten abwärts. Drei Meter tiefer kamen wir mit dem vorderen Teil des Autodaches auf einem Sockel auf. Dabei wurde wahrscheinlich mein Rücken gebrochen, ein Rückenwirbel brach komplett durch. Nach weiteren zwei bis drei Metern Sturz in die Tiefe kam der Bus auf der Beifahrerseite auf und blieb liegen. Mein Bruder Daniel kam als Erster zu sich und kroch durch die nicht mehr vorhandene Frontscheibe. Er kniete sich trotz des offenen Beinbruchs nieder und bat Gott darum, er möge uns alle diesen Unfall überleben lassen. Gott hat ihn erhört! Daniel sah, dass sein Bein zerstört war, aber spürte keinen Schmerz. Er stand unter Schock. Beim Gehen knirschte der offene Schienbeinbruch. Aber nicht nur sein Bein war schwer verletzt, auch der Zeh stand im 90-Grad-Winkel zum Fuß ab.

Ich schnallte mich ab, da ich starke Schmerzen in der Lendengegend hatte. Über die Beifahrerseite ließ ich mich hinunter. Ich stellte fest, dass ich kein Gefühl in meinen Beinen hatte und sie nur hinter mir herziehen konnte. Eigentlich wollte ich mich nochmals hochziehen, um den Wagen auszuschalten, der immer noch lief. Doch es war mir nicht möglich. Ich sagte den anderen gleich, dass ich gelähmt bin. Heißes Kühlwasser lief über meinen rechen Fuß. Das spürte ich zwar nicht, sah aber später die Verbrennungen. Als ich mich zu Verena hindrehte, brachte ich kein Wort heraus. Wie ich danach erfuhr, war sie im Spagat im Auto eingekeilt gewesen. In dieser schlimmen Stellung musste sie ausharren, bis sie später durch die Feuerwehr herausgeschnitten wurde. Doch davon trug sie keinerlei Schaden davon. Sie hatte in jener Zeit Ballettunterricht gehabt, und das kam ihr jetzt zugute. Ihr Kopf war allerdings durch das Autodach stark verletzt worden. Auch am Bein hatte sie eine Wunde. Die Kopfverletzung sah aus, als hätte man ein Skalpell angesetzt und es am Haaransatz um ihren Kopf geführt. Heute, Jahre danach, wirken die Narben, als wären es Spuren eines Diadems, das sie längere Zeit getragen hatte.

Robert, der hinter dem Beifahrersitz gesessen hatte, konnte sich befreien. Er lief ungeduldig herum und forderte uns auf, endlich aus dem Auto herauszukommen. Auch Lukas schaffte es, allein herauszukommen. Er hatte unangeschnallt auf dem Gepäck im hinteren Wagenteil geschlafen. Robert und Lukas blieben völlig unversehrt! Lukas war übrigens erst aufgewacht, als

Daniel laut geschrien hatte, während wir abstürzten: »Jesus, wir rufen dich an in der Not. Du wirst uns retten, und wir sollen dich preisen.« Josua hatte auf der hinteren Rückbank im Bus gelegen. Ihm war ein Wirbel gebrochen, doch kein Nerv war in Mitleidenschaft gezogen worden. Er hatte aber starke Schmerzen und Atemnot. Nach einigen Woche Bettruhe im Krankenhaus war er später wieder vollkommen hergestellt.

Gott hat Hilfe bereit

Die anderen waren inzwischen weitergefahren. Es war ihnen unbegreiflich, wo wir abgeblieben sein könnten. Wir hatten keine Lichthupe blinken lassen, wie ausgemacht war, wenn wir anhalten wollten. Nein, wir waren einfach verschwunden. So fuhren sie an der nächsten Tankstelle ab und warteten. Monia stellte sich gleich neben die Ausfahrt, um uns Zeichen zu geben, wenn wir kämen. Zu dieser Zeit fuhren andere Royal Rangers, die wir nicht kannten, gerade dieselbe Strecke wie wir. Monia hatte als Einzige noch ihre Ranger-Kluft an. Dadurch wurde sie von diesen als Royal Ranger erkannt. Sie kamen miteinander ins Gespräch. Möglicherweise wären sie sonst nicht so bald in Kontakt gekommen. Und wir wären nie so schnell gefunden worden und hätten Hilfe erfahren!

Natürlich war die erste Frage, ob sie unterwegs unsere Rangers oder einen VW-Bus gesehen hätten. Sie meinten: »Da lag nur ein VW-Bus unten an einer Brücke, aber der sah so kaputt aus. Sicher ist der schon länger dort.« Genau dieser Bus waren wir!

Langsam wurde es draußen hell. Unsere Leute fuhren zusammen mit den anderen Rangern zurück und entdeckten uns voll Entsetzen. Einer der Ranger hatte ein Handy dabei, was 1997 noch ungewöhnlich war, und konnte gleich Hilfe holen. Bei dieser Gruppe gab es auch einige, die ungarisch sprachen. So konnten sie sofort Polizei und Krankenwagen verständigen. Das wäre von unserer Seite gar nicht möglich gewesen. Als die Polizei uns fand, konnten sie kaum glauben, dass irgendjemand aus unserem VW-Bus lebend herausgekommen sein sollte.

Die Schwerverletzten Michael, Daniel, Verena und Josua wurden nach Tatabanya ins Krankenhaus gebracht. Von den gerade dazugestoßenen Rangern kannte jemand ein Pastorenehepaar in diesem Ort und informierte sie. Liebevoll nahm sich dieses Ehepaar dann unserer verletzten Gruppe im Krankenhaus an.

Die nur leicht Verletzten konnten direkt vom Unfallort mit dem Transporter der anderen Rangers nach Deutschland zurückfahren. Schon abends waren sie wieder in der Pfalz, aber immer noch geschockt von dem schweren Erleben. Für die Eltern der Kinder aber war es wie ein Hoffnungszeichen von Gott, dass er auch den anderen das Leben schenken würde.

Am nächsten Abend wurde Verena von dem ungarischen Pastor nach Karlsruhe gebracht.

Ihre Wunde am Kopf war im Krankenhaus in Ungarn genäht worden. Am darauffolgenden Tag brachen die Väter von Josua und uns Brüdern Michael und Daniel, zusammen mit dem Pastor nach Tatabanya auf. Gott öffnete auf wunderbare Weise Wege, um uns bald Trost zukommen zu lassen.

Kurz vor der Rumänienreise hatte mein Vater Uwe einen ADAC-Schutzbrief abgeschlossen. Auf diese Weise war es möglich, mit Hilfe einer von der Versicherung zugeteilten Rechtsanwältin alles zu regeln. Mit einem ADAC-Hubschrauber konnten wir alle Ungarn verlassen. Unsere Väter durften mitfliegen, was auch eine absolute Ausnahme darstellte. Gottes Gnade war es auch, dass der Zustand von uns allen einigermaßen stabil war, sodass wir transportfähig waren. Mich wollten die Ärzte anfänglich nicht gehen lassen. Denn durch den Unfall war mein Brustkorb so stark geprellt und gequetscht worden, dass man Sorge hatte, ob mein Herz den Flug überstehen würde.

Roland, der Vater von Josua, gab meinem Vater in der ersten Nacht in Ungarn das Bibelwort aus Sprüche 3,5: »Verlass dich auf den Herrn von ganzem Herzen, und verlass dich nicht auf deinen Verstand.«

Josua wurde wieder völlig hergestellt. Für mich bestand aus ärztlicher Sicht von Anfang an keine Hoffnung auf Wiederherstellung. Ich bin seither vom Bauchnabel abwärts gelähmt.

Acht Monate lang lag ich dann in der Reha-Klinik in Langensteinbach.

Verena besuchte mich so oft wie möglich, obwohl sie in Abiturvorbereitungen stand. Offiziell waren wir zu dieser Zeit noch nicht eng befreundet. Meine Mutter besuchte mich, so oft es ihr möglich war. Wenn Mutter wieder nach Hause musste, sprang die Mutter von Verena ein.

Die schwerste Zeit erlebte ich vor und nach meiner zweiten Operation.

Die starken Schmerzmittel und Psychopharmaka, die mir verabreicht wurden, brachten mich psychisch völlig durcheinander. Welch ein Geschenk, dass viele für mich beteten. Ich hätte diese Zeit sonst nicht überstanden!

Eine Woche lang wurde ich täglich zur Operation vorbereitet. Das bedeutete, dass es weder zu essen noch zu trinken für mich gab. Nachmittags wurde dann jeweils die OP abgeblasen, da ich über 40 Grad Fieber hatte. Ich litt unter ständigem Hunger und Durst. Dazu zermürbte mich das ständige Gezeter, ob man nun operieren sollte oder nicht. Ich wurde schwächer und schwächer. Mein Hunger steigerte sich ins Unermessliche. Nach der Operation bekam ich auch einige Zeit nichts zu essen, weil ich nicht sagen konnte, ob ich schon Stuhlgang hatte …

Es gab viele schlimme Erlebnisse in dieser Zeit.

Meine Besucher versuchten mich immer aufzubauen. Ich freute mich jedes Mal, wenn jemand kam. Ich konnte ja nur liegen und die Decke anstarren, ohne sonst einen Ansprechpartner zu haben. In nichts konnte ich mehr einen Sinn sehen. Deshalb war jeder Besuch ein Highlight für mich.

Die mich besucht hatten, erzählten hinterher, sie seien von mir getröstet und gestärkt worden. Dabei seien sie eigentlich gekommen, um mich zu trösten. Sie gingen heim als Gesegnete, obwohl sie zu mir gekommen waren, um mich zu segnen.

Ich spürte selbst, wie Gott mich in dieser Zeit gebrauchte. Das vermisse ich heute manchmal.

Rückblickend denke ich manchmal, diese schwere Zeit sei sinnvoller gewesen als die jetzige.

Mein Bruder Daniel hat es auch nicht leicht. Seit dem Unfall hat er schon über 30 Operationen und viele Narkosen durchmachen müssen. Dazu gehören auch Transplantationen. Immer wieder gibt es Probleme mit offenen Stellen und chronischen Entzündungen an seinem Bein. Doch auch er geht weiter seinen Weg mit unserem Herrn. Momentan studiert er in Kaiserslautern. Inzwischen hat er auch geheiratet.

Als ich im April 1998 entlassen worden war, begann ich bald danach mit einem Studium der Informatik und Mathematik in Karlsruhe. Mich mit öffentlichen Verkehrsmitteln im Rollstuhl fortzubewegen, schaffte ich ganz gut. Gott hat mich mit Risikofreude begabt und mit dem Mut, immer neu aufzustehen, wenn ich falle. Ich bin der Typ, der gegen die Wand rennt, bis er ein Loch findet. Und wenn es kein Loch gibt, versuche ich »drum herum zu krabbeln« oder darüber zu steigen.

Meine Behinderung hindert mich deshalb auch nicht, Basketball zu spielen, Handybike zu fahren oder mit dem Kayak unterwegs zu sein.

Verlobung und Hochzeit

Verena und ich wurden Freunde. Nach ihrem Abitur ging sie nach Chile. Dort unterstützte sie Missionare bei ihrer Arbeit.

Als sie wieder zurückkam, verlobten wir uns im Februar 1999. Am zweiten August 2002 gab sie mir ihr Jawort. Wir heirateten. Es war ein wunderschönes Fest mit einer wunderbaren Frau, die Gott mir geschenkt hat.

Inzwischen sind wir beide mit dem Studium fertig. Ich habe Arbeit in Frankfurt gefunden, Verena bereitet ihre Doktorarbeit vor.

Ich kann nur sagen: Trotz allem Schweren: Gott ist treu und hat uns noch nie verlassen!

Verschiedene Begegnungen mit Michael haben sich mir besonders eingeprägt: Bei einem Besuch in der Klinik in Langensteinbach fragte ich ihn: »Was kann ich dir Gutes tun? Soll ich Eis besorgen oder Pizza oder irgendetwas anderes?«

»Nein, nein«, wehrte er ab. »Aber du könntest mir etwas Gutes tun, wenn du es schaffst, dass ich nach all den Monaten mal wieder nach draußen dürfte und mir frische Luft um die Nase weht!« Es wurde tatsächlich möglich. Bevor wir das Zimmer verließen, forderte er mich auf: »Nimm mein Liederbuch auf dem Nachttisch mit!« Im Klinikhof schien die Sonne. Ich rückte den Rollstuhl so zurecht, dass die Sonne ihm ins Gesicht fiel. Er genoss es sichtlich. Doch dann meinte er: »Jetzt lass uns singen!«

»Zwischen all den Menschen, die in die Klinik gehen und aus der Halle herauskommen?«, fragte ich erstaunt.

»Störts dich? Mich nicht!«, sagte er und fing zu singen an:

»Allein deine Gnade genügt,
die in meiner Schwachheit Stärke mir gibt.
Ich geb dir mein Leben und was mich bewegt.
Allein deine Gnade genügt.«

Ich versuchte mitzusingen, so weit es mir möglich war, während Tränen über mein Gesicht liefen. Vor mir saß mein Neffe, der so viel verloren hatte und trotzdem singen konnte: »Allein deine Gnade genügt.« Noch heute kommen mir die Tränen, wenn ich daran denke.

Später leitete ich einen Frauentag in der Begegnungsstätte der Langensteinbacherhöhe. Bei dieser Gelegenheit war auch Michael im Rollstuhl bei einem Vortrag mit dabei. Als ich ihn zurück ins Krankenhaus schob, fragte ich ihn: »Michi, wie geht's deinen Gefühlen?«

»Die fahren manchmal Achterbahn«, antwortete er, »aber der Knoten hält. Damals nach dem Unfall, als ich so dalag und nicht wusste, ob ich das Ganze überhaupt überleben werde, dachte ich: Egal was passiert, ich will bei Gott bleiben. Das war so etwas, wie wenn man sich einen Knoten ins Taschentuch macht, um etwas Wichtiges nicht zu vergessen.«

Die Künstlerin Phoebe Grüneberg malte dazu später ein sehr eindrückliches Bild mit einem Knoten. »Hauptsache, der Knoten hält«, schrieb sie darunter.

Der Herr ist mein Hirte

Auch und gerade jetzt,
da mein Leben durchkreuzt ist
von Krankheit.
Gerade jetzt bist du da, Herr,
auch wenn ich dich nicht fühle.
Du, der Herr, der mich erschaffen hat
und von Ewigkeit her liebt,
bist mein Hirte.
Du hast gesagt, du kümmerst dich
um das Verletzte, Verzweifelte,
Schmerzgeplagte.
Herr, ich werfe mich mit meiner Not
in deine Arme.
Herzlich bitte ich dich:
Trag mich jetzt!
Ich schaff es nicht allein!

Ruth Heil

Möge Gott dir die Kraft geben,
in Traurigkeit getrost zu sein,
auch in kleinen Freuden
ein Lachen hervorzubringen,
deine Bitterkeit am Kreuz zu begraben,
zu vergeben,
selbst wenn du im Recht bist,
die schwierigen Menschen zu segnen,
immer etwas zu finden,
wofür du danken kannst,
und allezeit deinem Gott zu vertrauen.

Ruth Heil

Lutz und Annette Barth
Kofferpacken für die letzte Reise

Annette und Lutz Barth sind Freunde von uns. Von ihnen stammt das Projekt »Ostergarten« und »Lebendige Krippe«. Ein weiteres Projekt heißt »Kofferpacken für die letzte Reise«. Es ist die Beschäftigung mit einem Thema, das oft verdrängt wird.

Bei der Ausstellung wird man mit der Frage konfrontiert: »Was würden Sie auf Ihre letzte Reise mitnehmen wollen?«

Gedanken von Ruth Heil

Wie gut, nicht alles im Voraus zu wissen. Doch gut ist es, darüber nachzudenken, was auf mich zukommen könnte. Wird es eine Krankheit sein, die Schmerzen mit sich bringt? Werde ich bettlägrig sein und nicht mehr aufstehen können? Werde ich im Alter allein gelassen und einsam sein? Die Zukunft habe ich nicht in der Hand. Aber es gibt Dinge, die ich für schwere Zeiten innerlich vorbereiten kann.

Was würde ich in den Koffer packen?
· meine Bibel mit Buchzeichen bei meinen Lieblingspsalmen 18, 73, 91, 102, 121
· mein Tagebuch mit Aufzeichnungen, wie Gott mir in verschiedenen Lebenssituationen durchgeholfen hat

- Bibelverse, die ich mir aufgeschrieben habe und die mich ermutigen, auf Jesus zu schauen und nicht auf die Umstände
- eine Kerze und Streichhölzer für dunkle Stunden
- verschiedene Liederbücher mit Trostliedern
- eine CD mit Anbetungsliedern, die für mich singt, wenn ich nicht mehr singen kann
- ein Kreuz, das sich gut in der Hand halten lässt, um mich daran zu erinnern, dass alles, was ich jetzt leide, ER für mich am Kreuz schon gelitten hat
- ein Fotoalbum, um frohe Erinnerungen nicht verblassen zu lassen
- meine Schäfchennackenrolle, die mir so guttut, weil ich dabei erinnert werde, dass der gute Hirte überall mit mir geht
- ein Fläschchen mit Rosenduft als Ahnung und Vorfreude auf Gottes Herrlichkeit

Den kann man leider nicht in den Koffer packen: meinen lieben Mann. Falls es nicht möglich ist, dass er bei mir sein kann, wenigstens ein Foto von ihm. Ich weiß, dass er für mich betet. Ebenfalls wünschte ich mir meine Kinder und Freunde in der Nähe.

Wenn ich wüsste, dass meine letzte Reise kurz bevorsteht, wünschte ich mir einen Menschen an meiner Seite, der mit mir »auf dem Bahnhof wartet und mich im Gebet und mit Trostliedern begleitet, bis der Zug einfährt …«.

Für diese letzte Reise würde ich nichts weiter mitnehmen als meinen »himmlischen Reisepass mit Führungszeugnis«.

Darin könnte dann stehen:

Eingetragen als Bürger ins Buch des Lebens am 30. Juni 1961.

Jedes eingetragene Vergehen, jede Schuld darin, wäre bis zur Unkenntlichkeit überschrieben mit einem Kreuz des Blutes Jesu und vermerkt mit: Bezahlt!

Im Pass könnte stehen: Botschafterin Ruth Heil kehrt aus der Ferne in ihre eigentliche Heimat zurück.

Und möge Gott schenken, dass dann ein Stempel in den Pass gedrückt wird:

Einreise genehmigt.

Sind Sie schon als Himmelsbürger eingetragen? Ist Ihr Reisepass fertig?

Und was würden Sie mitnehmen auf Ihre letzte Reise?

Vielleicht sollten auch Sie über das Kofferpacken nachdenken. Dann ginge es Ihnen jedenfalls nicht wie König Heinrich VIII., der so ganz unvorbereitet auf seine letzte Reise ging. Von seinem Hofnarren bekam er die Narrenkappe überreicht, weil er eigentlich der größere Narr von beiden war.

Der Narr

König Heinrich VIII. von England rief seinen Hofnarren an sein Sterbebett und sagte zu ihm: »Mein Freund, wir müssen nun Abschied nehmen.«

Der Narr behielt seine Kappe auf und fragte mit verstelltem Ernst: »Wohin gehst du, Herr?«

»Ich weiß nicht«, antwortete der König.

»Hast du dir Reisegeld mitgenommen?«, fragte der Narr weiter.

»Nein, das habe ich nicht«, antwortete der Gefragte.

»Dann hast du sicher für einen Wegweiser oder Führer gesorgt?«, erkundigte sich der Gerufene.

Da seufzte der König und erwiderte traurig: »Ich kenne keinen.«

Da nahm der Narr seine Kappe ab und rief: »O König, ich habe mir mein Lebtag gewünscht, einen größeren Narren als mich kennenzulernen. Heute ist er mir begegnet. Du begibst dich auf eine Reise und kennst den Weg nicht. Du kehrst nicht mehr zurück und nimmst weder Nahrung noch Reisegeld mit. Du weißt nicht, wo du bleibst, und hast keinen Führer, der dich sicher ans Ziel bringt. Da, nimm die Narrenkappe, du bist der größere Narr von uns beiden!«

Quelle unbekannt

Elisabeth Hilzinger
Das Beste kommt noch!

Elisabeth lernte ich im Rahmen eines Frauenfrühstücks kennen. Ich war als Referentin eingeladen. Elisabeth hatte als Pfarrfrau die Moderation übernommen. Als wir danach ins Gespräch kamen, berichtete sie mir von ihrer Nahtoderfahrung. Was mich dabei besonders berührte, war, wie nah die Ewigkeit unserer Zeit ist, wie real sie erlebt werden kann. Und noch mehr, dass wir, wenn unser Leben Jesus Christus gehört, die Angst vor dem Tod verwandelt werden kann in eine große Vorfreude, im Sinne: Das Beste kommt noch!

Jetzt erzählt Elisabeth:
Ich wohne mit meiner Familie in Höfen an der Enz, mein Mann Ulrich ist dort Pfarrer und gemeinsam haben wir drei erwachsene Söhne. Bis zur Geburt unseres zweiten Sohnes arbeitete ich als Lehrerin für Pflegeberufe. Aufgewachsen bin ich in einer Familie, in der der christliche Glaube gelebt wurde. Deshalb war es für mich selbstverständlich, in verschiedenen Gruppen und Gottesdiensten mitzuarbeiten und meinem Mann, wo es ging, den Rücken freizuhalten.

Mit der Zeit wurde vieles, was den Glauben betraf, ein Stück weit zur Routine. Dies führte zu Enttäuschungen und Zweifeln. Ich war zunehmend frustriert, desilusioniert und manchmal sogar sauer auf Gott, weil ich seine Gegenwart nicht mehr spürte. Existierte er überhaupt?

Diagnose Herzinfarkt

An Pfingsten 2011 wollten wir in den Urlaub nach Südfrankreich fahren. Am Samstagabend stand das Auto bereits startklar im Hof. Nach dem Gottesdienst am Sonntag sollte es losgehen.

In der Nacht wurde ich wach und bemerkte ein leicht schmerzhaftes, unangenehmes Ziehen in den Armen. Es fühlte sich pulsierend an. Ich beruhigte mich damit, dass ich mich wohl mit den vielen Vorbereitungen in der vergangenen Woche etwas überanstrengt hatte, und schlief wieder ein. Als ich erneut aufwachte, spielte mein Kreislauf verrückt und ich fühlte mich gar nicht wohl. Ich weckte meinen Mann auf und wir fuhren ins Krankenhaus.

Der Arzt meinte nach etlichen Untersuchungen, dass es wohl eine »Rückensache« wäre, da es sonst keine Auffälligkeiten gab. Ich blieb zur Beobachtung in der Klinik. Meine Kreislaufprobleme waren wohl darauf zurückzuführen, dass ich in den letzten Tagen zu wenig getrunken hatte. Aufgrund des dickflüssigen Blutes wurde sogar der Verdacht einer Thrombose geäußert.

Mittags teilte mir der Arzt mit, dass sich ein bestimmter Blutwert in den letzten Stunden stark erhöht hätte und der Verdacht auf einen Herzinfarkt bestünde! Mit Blaulicht wurde ich nach Pforzheim verlegt, wo sogleich eine Herzkatheteruntersuchung durchgeführt wurde. Am Anfang der Untersuchung war ich noch bei vollem Bewusstsein und unterhielt mich mit dem Arzt über das Blutgerinnsel, das er in der Hinterwandarterie des Herzens entdeckt hatte.

In einer anderen Realität

Doch plötzlich befand ich mich an einem anderen Ort. Ich stand auf einer großen, wunderbar saftigen Wiese, über mir wolkenloser, tiefblauer Himmel. Nur am Horizont entdeckte ich eine halbrunde Wolke. Irgendwie war für mich klar, dass der Weg dort weitergeht. Ich hörte von rechts kommend wunderbare Musik, ganz ruhig, sanft und doch majestätisch und gewaltig. Es ist schwer zu beschreiben, weil ich noch nie etwas Vergleichbares gehört habe. Von der linken Seite erklang ausgelassenes Kinderlachen.

In mir spürte ich tiefsten Frieden. Ein Gefühl, das ich so noch nicht kannte. Ein Gefühl von Freiheit und Vollkommenheit. Alles war perfekt und in Ordnung. Alle Lasten waren fort. Es fühlte sich so gut, so richtig an. Ich war angekommen! Was mich im Nachhinein sehr beeindruckt hat, war, dass ich mich als Ich wahrgenommen habe. Ich fühlte mich ganz »körperlich«, konnte sehen, hören, fühlen und denken. Ich wollte nicht weg von diesem Ort.

Doch plötzlich hörte ich, wie nach mir gerufen wurde. Ich sah die Uhr an der Wand des Untersuchungsraums, den blau vermummten Arzt und dachte nur – weinend und ganz verkrampft: »Nein! Was soll ich denn hier?« In dieses Leben wollte ich nicht zurück ... Nur mühsam konnte ich mich wieder orientieren und sah den Defibrillator, mit dem man mich zurückgeholt hatte. Es wurde mir klar, dass ich mich in einer anderen, aber ganz realen Welt befunden hatte, die ganz nah bei der unseren liegt. Ein Vers aus Psalm 84 kam mir in den Sinn: »... ein Tag in deinen Vorhöfen ist besser als sonst tausend.« In diesem Augenblick fühlte ich mich Gott ganz nahe und war gleichzeitig total geschockt über die Dramatik des Ereignisses, das wohl nur etwa eine Minute gedauert hatte.

Der Arzt sagte später zu meinem Mann: »Wären Sie auf der Fahrt irgendwo in Frankreich gewesen, hätte Ihre Frau keine Chance gehabt.«

Manche Menschen versuchen solche Erlebnisse als Träume oder mit körperlichen Fehlfunktionen wie Sauerstoffmangel zu erklären. Aber für mich war es sehr real. Und es gibt viele Berichte von Menschen, die ähnliches berichten, als sie dem Tode nahe waren. Ich fühle mich durch dieses Erlebnis beschenkt. Ich weiß jetzt, dass der »Himmel« in unserer unmittelbaren Nähe ist, wie hinter einem mit einem Vorhang verschlossenen Fenster. Dieser Vorhang wurde für mich für einen kurzen Moment zur Seite geschoben.

Ich habe keinen Zweifel an einem Leben nach dem Tod. Ich glaube daran, dass es eine Ewigkeit bei Gott gibt. Aber seit diesem Erlebnis habe ich keine Angst mehr vor dem Tod. Ich glaube, dass dann das wahre Leben erst beginnt. Einen Vorgeschmack darauf habe ich bekommen ... und das war schon so wunderbar!

Gott spricht zu mir
Trotzdem war ich Gott unendlich dankbar, noch zu leben. Der Gedanke, dass ich meine Familie allein gelassen hätte, beängstigte mich. Ich war verunsichert: Würde mein Herz wieder aussetzen?

Einige Tage später las ich im Losungsbuch den Text für jenen vergangenen Pfingstsonntag. In Psalm 118, Vers 17 und 18 heißt es: »Ich werde nicht sterben, sondern leben und des Herrn Werke verkündigen. Der Herr züchtigt mich schwer; aber er gibt mich dem Tode nicht preis.« Diese Worte trafen mich mitten ins Herz! Diese Worte galten mir, das wusste ich – aber sie gefielen mir nicht! »... und des Herrn Werke verkündigen«, das war so gar nicht mein Ding, das konnten andere viel besser! Abgesehen davon, dass ich gerade einen schweren Herzinfarkt überlebt hatte, fühlte ich mich klein, schwach, krank, geschockt, unsicher, ängstlich. Ich wollte nur meine Ruhe!

Ich betete: »Herr, das kann ich nicht in dieser Situation. Sieh mich an! Ich bin ein Häufchen Elend, hilf mir! Kümmere du dich um alles in dieser Angelegenheit. Ich weiß nicht, wie ich das anpacken soll.«

Ich wusste, dass Gott mich vor dem Tod bewahrt und mir eine zweite Chance gegeben hatte. Dafür war ich ihm dankbar. Diese Chance war jedoch mit einem Auftrag verbunden. Und obwohl ich mich nicht in der Lage dazu sah, wollte ich Gott vertrauen, dass ich es mit seiner Hilfe schaffen würde.

Mein zweites Leben

In den folgenden Monaten war ich so eng mit Gott verbunden, wie schon lange nicht mehr. Ich spürte seine Nähe und wusste mich getragen. Dennoch kroch die Angst immer wieder in mir hoch. Angst vor dem Alleinsein, vor dem Auto fahren, aus dem Haus zu gehen – Angst, zu sterben. Panikattacken überfielen mich und ließen meinen Lebensweg immer enger erscheinen. In dieser Zeit halfen mir viele Bibelverse und die Gewissheit, dass andere für mich beteten. Ich selbst konnte manchmal nur mit letzter Kraft »Herr, sei mir gnädig« rufen.

Mir wurde klar, dass ich etwas unternehmen musste. In einem »Achtsamkeitskurs« lernte ich, mit den negativen Gefühlen umzugehen. So eroberte ich mir mit Gottes Hilfe und ganz praktischen Tipps Schritt für Schritt mein Leben zurück. Manchmal waren es kleine Schritte, manchmal auch ein Schritt zurück. Geduld zu haben, war dabei eine der schwersten Lektionen! Aber langsam ging es mir wieder besser.

Nun wollte ich meinen Auftrag umsetzen, vielleicht auch einfach »hinter mich bringen«. Das klappte im Freundes- und Familienkreis auch ganz gut. Aber als ich meine Geschichte in einem Dankgottesdienst erzählte, bekam ich bereits auf dem Weg nach vorne Herzrhythmusstörungen. Ich brachte es hinter mich, aber ich merkte, dass ich körperlich und psychisch noch nicht stabil war. Gott hatte einen anderen Zeitplan.

Fünf Monate später, im Mai 2012, war ich mit meinem Mann bei einer Jubiläumsveranstaltung in Marburg. Mein Mann erzählte dort einer Studienkollegin von meinem Nahtoderlebnis. Diese Frau wiederum berichtete einer Redakteurin des Evangeliums-Rundfunks (ERF) davon. Diese Redakteurin rief mich nun einige Tage danach an und fragte mich, ob ich bereit wäre, über mein Erlebnis zu reden. Durch die Vorbereitungsgespräche und die Sendungen bekam ich immer mehr Sicherheit, meine Geschichte zu erzählen. Es fiel ein Gewicht von meinen Schultern. Die Angst- und Panikattacken wurden immer weniger. Gott hatte den Startschuss gegeben, nach fast einem Jahr war die Zeit reif! Immer mehr Gelegenheiten ergaben sich, »... des Herrn Werke zu verkündigen«!

Was sich verändert hat
Tiefschläge im Leben verändern uns. Oft zerbrechen Menschen an solch schlimmen Ereignissen, verlieren

den Halt, verzweifeln an Gott und der Welt. Auch ich war erschüttert darüber, mit nur 49 Jahren einen Herzinfarkt zu erleiden. Aber es gab einige Dinge, die mir geholfen haben:

1. Ich habe nie nach dem »Warum« gefragt.
   Ich wusste, dass ich in diesem Leben keine Antwort auf diese Frage bekommen würde. Stattdessen habe ich Gott gebeten, dass ich irgendwann einen Sinn darin erkennen kann. Und dieses Gebet ist erhört worden!
2. Halt in Gott
   Als ich den Boden unter den Füßen verlor, stellte Jesus mich wieder auf festen Grund. Ich hielt mich an ihm fest. Ohne meinen Glauben wäre ich an der ganzen Situation verzweifelt. Glaube schützt vor Verzweiflung und Verbitterung.
3. Mein Vertrauen zu Gott ist neu gewachsen
   In der Zeit nach dem Infarkt durfte ich erleben, wie Gott mein Leben hält und führt, wenn ich ihm vertraue. Mein Glaube an einen Gott, der es gut mit mir meint, ist gewachsen. Ich kann mich auf ihn verlassen. Er führt die Dinge so, wie es für mich am besten ist.
4. Gelassenheit
   Durch mein Gottvertrauen wurde ich gelassener. Das ist ein großes Geschenk! Oft möchten wir alles bis ins Detail planen, stehen unter Anspannung

und Druck. Ich habe erfahren, dass es gut ist, meine Zeit Gott anzuvertrauen. Er weiß, wann wir bereit sind – körperlich und psychisch –, für ihn zu arbeiten.

5. Jeder Tag ist ein Geschenk

Nach all dem, was ich erlebt habe, ist jeder neue Tag ein Geschenk für mich! Ich darf leben!

Glaube, Hoffnung, Vertrauen, Gelassenheit und Dankbarkeit sind die »Zutaten« für mein Leben, die mich fröhlich und hoffnungsvoll in die Zukunft gehen lassen!

Lutz Barth

Nachdenkenswertes über Tod
und Ewigkeit

Was ist eigentlich unser Leben? Doch nicht mehr als der kleine Strich zwischen zwei Zahlen auf einem Grabstein – dem Geburtsdatum und dem Sterbetag.

Setzten wir den kleinen Strich parallel zu einer drei Meter langen Linie, dann ist dieser sehr klein und kurz. Wäre es eine unendlich verlaufende Gerade, dann wäre es letztlich völlig egal, ob dieser Strich ein Zentimeter, ein Meter oder sogar 100 Meter lang wäre.

Ebenso verhält es sich mit unserem Lebensalter. Gegenüber dem Begriff Ewigkeit fallen zwei Jahre genauso wenig ins Gewicht wie 100.

Dieser Vergleich bringt mich zum Nachdenken. Da stellt sich die Frage, was letztlich bleibt von unserem kurzen Leben auf der Erde. Natürlich möchten wir mit den Menschen, die wir lieben, möglichst lang unser Leben teilen und gestalten. Doch was dieses Leben betrifft, so gewinnt es nur mit der Perspektive der Ewigkeit einen bleibenden Sinn. Und dann spielt letztlich nur eine Rolle, wie wir es gelebt haben, und ebenso, ob es sein eigentliches Ziel erreicht hat – und viel weniger, wie lang oder kurz wir auf dieser Erde zu Gast waren.

Doch wann hat ein Leben Sinn? Was macht den

Sinn aus? Sicherlich nicht die Länge!

Wie kann man sinnvolles Leben definieren? Welche Rolle spielen Krankheit und Gesundheit? Da stellt sich die Frage, ob ein Behinderter, der allein durch seine Fröhlichkeit Sonne in das Leben anderer bringt, nicht viel besser und sinnvoller lebt als vergleichsweise ein Gesunder, der stundenlang seine Zeit vor dem Fernseher oder im Internet verbringt.

Als Christ frage ich mich natürlich, was Gott sich bei meinem Leben gedacht hat. Welchen Plan hat er für mich? Letztlich weiß ich, dass, wenn ich nach seiner »Gebrauchsanleitung« für mein Leben frage und sie in der Bibel kennenlerne, ich am wenigsten in Gefahr bin, mein Leben in die falsche Richtung zu lenken. ER ist der Navigator, der das Ziel kennt. Natürlich muss ich auf die Stimme des Navigationssystems nicht hören. Doch für mich hat sich herausgestellt: Mit IHM fahre ich echt gut.

Ich bin schon einige Umwege gefahren, als ich meinte, es besser zu wissen. ER hat mich nicht daran gehindert, denn ER gab mir einen freien Willen. Immer mehr ist mir aber klar: ER meint es echt gut mit mir, seine Anweisungen sind so ausgerichtet, dass ich das Optimale auf meiner Lebensreise dabei erreichen kann. Und vor allen Dingen: dass ich ans Ziel komme!

Der kleine Strich zwischen den Zahlen ermahnt mich, nicht ohne Navigator durchs Leben zu ziehen. Es kommt nicht auf die Länge des Weges an, sondern auf das Erreichen des Ziels.

Herr, ich vertraue darauf

Herr, ich vertraue darauf,
dass, wenn meine letzte Stunde kommt,
du da sein wirst,
wie du immer bei mir bist.
Denn ich bin dein Kind.

Herr, ich vertraue dir,
dass du mich im dunklen Tal des Todes
nicht allein lassen wirst.
Weil du der gute Hirte bist,
wirst du mir ganz nah sein.

Du wirst mich an der Hand nehmen
und zu meiner Heimat bringen,
in die Wohnung, die du mir vorbereitet hast.
Du brennst darauf, sie mir zu zeigen
und zu übergeben,
denn du liebst mich.

Herr, ich weiß,
dass: »denn du bist bei mir«,
dann besonders Wirklichkeit sein wird.
Und mein Herz wird jubeln,
wenn ich schauen darf,
was ich immer geglaubt habe.

Ruth Heil

Was soll einmal auf meinem Grabstein stehen?

Ein Gang über den Friedhof zeigt es. Eigentlich erfährt man nichts über den Toten. War er glücklich gewesen? Hatte er ein erfülltes Leben? Wusste er um die Hoffnung, dass es eine Auferstehung gibt?

Was wäre denn Ihr Wunsch, den Menschen mitzuteilen, wenn Ihr Mund einmal schweigen wird?

Hier sind nun einige Bibelworte aufgeführt, die man sich zu Lebzeiten schon aussuchen kann.

(Jesaja 64,3)
Kein Ohr hat gehört, kein Auge hat gesehen einen Gott außer dir, der so wohltut denen, die auf ihn harren.

(Psalm 31,6)
In deine Hände befehle ich meinen Geist. Du hast mich erlöst, Herr, du treuer Gott.

(Hiob 19,25a)
Ich weiß, dass mein Erlöser lebt.

(Psalm 68,21)
Wir haben einen Gott, der da hilft, und den Herrn, der vom Tode errettet.

(Psalm 46,2a)
Gott ist unsre Zuversicht und Stärke.

(Jesaja 43,1)
Fürchte dich nicht, ich habe dich erlöst.

(1. Johannes 5,12)
Wer den Sohn hat, der hat das Leben.

(Lukas 10,20)
Freut euch, dass eure Namen im Himmel geschrieben sind.

(Johannes 16,22b)
Euer Herz soll sich freuen, und eure Freude soll niemand von euch nehmen.

(1. Korinther 2,9b)
Was in keines Menschen Herz gekommen ist, hat Gott bereitet denen, die ihn lieben.

Aus Offenbarung 21

Und ich sah einen neuen Himmel und eine neue Erde ...
Und ich hörte eine große Stimme von dem Thron her, die
sprach:
Siehe da, die Hütte Gottes bei den Menschen!
Und er wird bei ihnen wohnen,
und sie werden sein Volk sein
und er selbst, Gott mit ihnen, wird ihr Gott sein;
und Gott wird abwischen alle Tränen von ihren Augen,
und der Tod wird nicht mehr sein,
noch Leid noch Geschrei noch Schmerz wird mehr sein;
denn das Erste ist vergangen.
Und der auf dem Thron saß, sprach:
Siehe, ich mache alles neu!

Das Glaubensbekenntnis

Ich glaube an Gott,
den Vater, den Allmächtigen,
den Schöpfer des Himmels und der Erde.

Und an Jesus Christus,
seinen eingeborenen Sohn, unsern Herrn,
empfangen durch den Heiligen Geist,
geboren von der Jungfrau Maria,
gelitten unter Pontius Pilatus,
gekreuzigt, gestorben und begraben,
hinabgestiegen in das Reich des Todes,
am dritten Tage auferstanden von den Toten,
aufgefahren in den Himmel;
er sitzt zur Rechten Gottes,
des allmächtigen Vaters;
von dort wird er kommen,
zu richten die Lebenden und die Toten.

Ich glaube an den Heiligen Geist,
die heilige christliche Kirche,
Gemeinschaft der Heiligen,
Vergebung der Sünden,
Auferstehung der Toten
und das ewige Leben.
Amen.

Tränen in Gottes Hand

Der den Schmerz in deinem Leben zuließ,
der trägt mit dir auch das Untragbare,
das über deine Kraft geht.

Sprich zu deiner Seele:
Ich will zulassen, dass Gott mich tröstet.
Ich sage: Schmerz, lass nach!
Gott wird mich nicht verlassen,
auch jetzt nicht.
Ruth Heil

Gott tröstet

Tränen sind Perlen.
Der sie erschuf,
kennt auch ihren Lauf,
wie sie schmerzvoll
dem Herzen entrinnen.
ER sammelt sie liebevoll auf.

Birg dich in seiner Hand!
ER hält allen Wassern stand,
bis sich die Wolken verziehn
und dir wieder Hoffnung scheint.
Ruth Heil

Herr, du erwartest keine großen Dinge von mir
Bei dir darf ich schwach sein,
denn du bist stark.
Meine Tränen sammelst du,
weil du meinen Schmerz fühlst.
Bei dir darf ich meine Maske ablegen,
denn du kennst mich durch und durch.
Du verachtest mich nicht,
denn deine Liebe ist größer als mein Versagen.
Du weißt um meine Verletzungen
und gießt dein Öl auf meine Wunden.
Du legst den Mantel deiner Geborgenheit um mich
und berührst mein Inneres mit Heilung.
Liebevoll sprichst du zu mir:
Ich bin bei dir.
Ruth Heil

Nur eines erwartest du von mir, dass ich zu dir komme! Matthäus 11,28

Quellenhinweis:

»Herr, weil mich festhält deine starke Hand«
Text: Sr. Helga Winkel 1957, Melodie: Henry Charles Purday
1860
mit freundlicher Genehmigung des Diakonissen-Mutterhauses,
Aidlingen

»Vater, ich komme jetzt zu dir«
Text & Musik: Daniel Jacobi
© 1995 GenX-Music, adm. by Gerth Medien

»Mit Absicht hast DU mich zum Menschen geschaffen«
im Vertrieb von Felsenfest-Musikverlag/Kawohl Verlag
mit freundlicher Genehmigung der Autoren
Text: Jörg Swoboda/Theo Lehmann, Melodie: Jörg Swoboda
© bei den Autoren

»Wunderbarer Hirt«
Text: Lothar Kosse
© 2004 Praize Republic, Köln

»Dennoch«
Text und Musik: Thea Eichholz-Müller
Arrangement: Lothar Kosse
© 2005 Gerth Medien Musikverlag, Asslar

»Allein deine Gnade genügt«
Originaltitel: Your grace is sufficient
Text & Melodie: Martin J. Nystrom
Dt. Text: Martin Pepper & Ken Janz
© 1991 Integrity's Hosanna! Music
Für D, A, CH: SCM Hänssler, 71087 Holzgerlingen

Nr. 5.121.611
ISBN 978-3-8429-1611-1
272 Seiten, € 12,95

Was geht in einer Frau vor, wenn sie die »40« überschreitet? In der überarbeiteten Neuausgabe ihres Buches ermutigt Ruth Heil seelsorgerlich und ganz praktisch, mit Dankbarkeit in diese neue Lebensphase einzutreten und neu zu erkennen, welch wunderbare Gedanken Gott über die »Ü40er« hat.